Astrologia, Simbolismo e o Mapa das Personalidades

Rodrigo B. F. Mourão

Astrologia, Simbolismo e o Mapa das Personalidades

MADRAS®

© 2024, Madras Editora Ltda.

Editor:
Wagner Veneziani Costa (*in memoriam*)

Produção e Capa:
Equipe Técnica Madras

Revisão:
Jerônimo Feitosa
Ana Paula Luccisano

Dados Internacionais de Catalogação na Publicação (CIP)
(Câmara Brasileira do Livro, SP, Brasil)

Mourão, Rodrigo B. F.
Astrologia, simbolismo e o mapa das personalidades / Rodrigo B. F. Mourão.
São Paulo: Madras Editora, 2024.

ISBN 978-65-5620-071-2

1. Astrologia 2. Esoterismo 3. Personalidades 4. Simbolismo I. Título.

24-190770   CDD-133.5

Índices para catálogo sistemático:
1. Astrologia 133.5
Eliane de Freitas Leite - Bibliotecária - CRB 8/8415

É proibida a reprodução total ou parcial desta obra, de qualquer forma ou por qualquer meio eletrônico, mecânico, inclusive por meio de processos xerográficos, incluindo ainda o uso da internet, sem a permissão expressa da Madras Editora, na pessoa de seu editor (Lei nº 9.610, de 19/2/1998).

Todos os direitos desta edição reservados pela

MADRAS EDITORA LTDA.
Rua Paulo Gonçalves, 88 — Santana
CEP: 02403-020 — São Paulo/SP
Tel.: (11) 2281-5555 – (11) 98128-7754
www.madras.com.br

Índice

Introdução 9
    I – O Que é Astrologia? 9
    II – Uma Teoria da Astrologia 15
    III – Astrologia e Simbolismo 18
Parte I – Elementos
    I – Sobre o Simbolismo dos Quatro Elementos dentro da Astrologia 28
    II – Os Elementos de Forma Objetiva 32
    III – Os Quatro Elementos e as Quatro Formas de Ver o Mundo 38
    IV – Sobre o Uso e a Interpretação dos Elementos 39
Parte II – Signos
    I – Sobre o Simbolismo dos 12 Signos 42
    I.I – Os Três Signos do Fogo 43
    I.II – Os Três Signos de Terra 49
    I.III – Os Três Signos de Ar 56
    I.IV – Os Três Signos de Água 65
    II – Doze Signos sobre a Perspectiva do Prazer e do Desprazer 75
    II.I – Seis Eixos 78
    II.II – A Ausência dos Signos 80
Parte IIII – Castelo
    I – O Mapa Astral como um Sistema 84
    II – O Simbolismo do Castelo 87

III – O Dilema da Personalidade..90
IV – Os Personagens do Castelo 92
V – As Diferentes Hierarquias dentro do Castelo 93
V.I – Os Soberanos 94
V.II – Os Vassalos 94
V.III – Os Conselheiros...94
V.IV – Os Renegados 95
Parte IV – Planetas
I – O Rei (O Sol)..97
II – A Rainha (A Lua)...101
III – O Embaixador (Ascendente) 105
IV – O Secretário (Mercúrio) 109
V – A Estilista (Vênus) 114
VI – O Guerreiro (Marte) 117
VII – O Professor /O Mestre (Júpiter) 121
VIII – O Juiz (Saturno)..125
IX – O Revolucionário (Urano) 131
X – O Artista (Neptuno) 132
XI – O Dragão (Plutão) 134
Parte V – Casas
Casas 138
I – A Casa I – Pátio de Entrada 139
II – A Casa II – A Despensa do Castelo 141
III – A Casa III – Central de Comunicação do Castelo 145
IV – A Casa IV – O Lar e as Raízes...148
V – A Casa V – Salão de Festas do Castelo 152
VI – A Casa VI – Oficina 156
VII – A Casa VII – Sala de Conferências – Sala de Reuniões 161
VIII – A Casa VIII – Masmorras do Castelo................................164
IX – A Casa IX – Biblioteca e o Lado Externo das Muralhas......171
X – A Casa X – Sala do Trono 175

XI – A Casa XI – Fórum 180
XII – A Casa XII – Caverna 183
XIII – Os Seis Eixos das Casas 189
    Eixo da Capacidade (Casas I – VII) 189
    Eixo do Particular (Casas II – VIII) 189
    Eixo do Intelecto (Casas III – IX) 189
    Eixo da Responsabilidade (Casas IV – X) 190
    Eixo da Sociedade (Casas V – XI) 190
    Eixo do Dever (Casas VI – XII) 190

Agradecimentos

Em primeiro lugar, agradeço aos meus alunos que ao longo destes anos não só me incentivaram, mas também insistiram para que eu escrevesse este livro, o que foi bem motivador. Espero, de coração, que esta obra ajude todos eles e qualquer um que busque entender melhor esse conhecimento, que vem das raízes mais profundas de tudo o que chamamos de civilização.

Mas quero agradecer, principalmente, a minha esposa Paula Pereira, porque este livro não existiria sem ela. Paula não só me apoiou, mas também me ajudou a debater alguns dos pontos mais difíceis, teve a paciência de ajudar nas longas revisões do conteúdo e com todo o trabalho duro necessário para realmente concretizar este livro.

Gostaria também de agradecer ao Peter Rossi, pela revisão do texto original, e ao Miller Britto, por todos os conselhos editoriais.

Introdução

I – O QUE É ASTROLOGIA?

Sei que parece uma pergunta banal, pois qualquer pessoa que, por livre vontade, entre em contato com este texto provavelmente saberá "o que é astrologia", mas prefiro começar por aí por dois motivos: o primeiro é que, como professor, não acredito em perguntas banais; se há uma dúvida, ela deve ser respondida, e muitas vezes não perguntamos algo aos outros por vergonha. Na verdade, é comum não fazermos perguntas a nós mesmos pelo mesmo motivo – vergonha –, pressupondo saber uma verdade que nem verificamos ao certo se sabemos. O segundo motivo é que, do ponto de vista filosófico, definir, delimitar e refletir sobre o objeto de meu estudo é o que se espera de qualquer grande pesquisa verdadeira. Há mais de uma forma de explicar o que é astrologia; pessoas diferentes darão definições variadas sobre o tema, e mesmo que a gente não pense muito sobre isso, há um problema aí.

Essa dificuldade de definição é, em muitos casos, o que afasta do tema inúmeras pessoas que não sabem o que é a astrologia; ou causa certo preconceito, o que é bem óbvio, já que muitos astrólogos e estudiosos se recusam a esboçar um simples conceito. Entretanto, não podemos recriminá-las. Sei que não é o tema mais "apetitoso" de se começar, e peço desculpas por isso. Com certeza, alguns leitores podem pular este capítulo e se estiverem ansiosos para ir direto ao ponto, com o qual possam se deleitar e utilizar, não os recrimino por isso. Se acharem necessário, podem voltar mais tarde a estes dois primeiros capítulos sem problema. No entanto, para aqueles mais inclinados a encontrar uma estrutura, é um grande erro começar sem trabalhar com algum cuidado o conceito de astrologia, e é algo que devemos a qualquer curioso pelo tema.

Vou seguir aqui a linha de raciocínio que proponho neste livro, de trabalhar a astrologia usando a metáfora e o simbolismo como um mecanismos e, como vou propor mais à frente, que a astrologia (o mapa astral) pode ser entendida metaforicamente como um "Castelo". Há um ganho cognitivo em usar essa metáfora para explicá-la e vou estruturar o pensamento principalmente nesta lógica, **a do Castelo**.

Definir o que é astrologia significa fundamentar, para que dentro da metáfora proposta possamos construir os alicerces firmes pelos quais o pensamento será fundado e ele possa crescer de maneira segura e estável. O primeiro passo para desenvolver uma fundação – e parte da minha formação é arquitetura – representa escavar. Ou seja, temos de ir furando a superfície até encontrar um solo realmente firme, sobre o qual possamos nos estruturar, e só a partir daí começaremos a construir. Em parte, e espero que isso não ofenda muito as pessoas, já que significa desmistificar a astrologia. Entendo que o "mito" tem um sentido e um valor, mas não vejo como ele poderia ser positivo ou didático aqui para essa função específica que estou propondo agora, e é muito bom conseguir separar isso.

Escavar a astrologia é buscar sua origem por meio da história e do tempo. Entender o contexto em que foi formada é fundamental para compreender o que ela propõe. Não é meu objetivo escrever a história da astrologia, por se tratar de um assunto muito bonito que merece um livro inteiro, mas não é possível explicá-la com coerência sem entender como ela se origina. Por isso, vou oferecer uma história resumida e simplificada, e espero que ela seja suficiente para que se queira, posteriormente, saber mais.

A astrologia nasce na Mesopotâmia, mais ou menos, 4 mil anos antes de Cristo. De fato, já havia astrologia antes disso, mas, com certeza, sem um registro sistemático. Ela aparece junto ao nascimento da civilização tal como a conhecemos e isso quer dizer: nascimento da escrita e, consequentemente, da história, do primeiro código de leis, da matemática, da agricultura, da irrigação, da roda, do tijolo cozido, etc. Já deu para entender a complexidade e a fertilidade que esse momento representa sem eu ter de continuar preenchendo essa lista, não é? Se esses itens parecem de alguma forma banais para alguém que vive há bastante tempo dentro de uma cidade, já adianto que eles são indispensáveis para o desenvolvimento e o avanço da humanidade em direção a tudo o que consideramos civilização.

Tente, por favor, imaginar o mundo antes de qualquer uma dessas coisas, a complexidade e a dificuldade que nossos amigos tinham sem tais vislumbres, e como quaisquer desses avanços significam um mundo de novas possibilidades. Vou adiantar outra coisa, vou trazer como hipótese algo muito pouco falado, que a astrologia não é um anexo místico aleatório a todos esses avanços, mas diferentemente do que se imagina, ela é parte fundamental da possibilidade conjunta de muitos deles. Sei que uma grande interrogação vai se formar na cabeça de quem estiver lendo, mas vou justificar tal hipótese daqui a pouco, prometo.

Voltando ao assunto, a astrologia nasce naquele espaço, muito fértil e cobiçado, entre os rios Tigre e Eufrates, onde hoje estão o Iraque e Kuwait, além de partes orientais da Síria e de regiões ao longo das fronteiras Turquia-Síria e Irã. Os sumérios, povo quase mítico que sistematizou a agricultura e deu início ao que chamaremos de civilização, são então os grandes fundadores da astrologia. Era uma sociedade estruturada em um socialismo teocrático, baseada na agricultura. O que temos de entender é que esse passo da humanidade permitiu, naquele ambiente fértil, gerar um grande excedente de produção. É um momento da história em que há abundância como nunca se vira antes, e essa é a base para grandes desenvolvimentos, porque permite que o homem pare, estabilize-se, construa cidades, crie a escrita, poetas, pesquisadores e artistas.

Os sumérios, como muitas civilizações antes e depois deles, eram fascinados pelo Céu e queriam entender a dinâmica não só das estrelas, mas principalmente a do tempo – tanto quanto muitos dos nossos cientistas o querem ou quiseram. Tente entender que hoje vivemos com um calendário muito bem estabelecido, a cada momento sabemos exatamente em que período estamos no ano, mas isso não era claro naquele tempo, o ano não tinha início e fim, até a ideia do que é "um ano" poderia não ser muito clara. Portanto, era preciso entender as repetições e os padrões do céu para compreender seus ciclos e, por meio deles, compreender a dinâmica do tempo.

Pense com clareza: os sumérios criaram a astrologia como a conhecemos, com 12 signos, e nosso ano tem 12 meses; você realmente não consegue supor que esses dois fatos estão relacionados? Se não fez a relação, prometo justificá-la daqui a pouco. Naquele momento do desenvolvimento humano, compreender os ciclos celestes de tempo, quando começavam e terminavam, quando era verão ou inverno, era vital, pois eram agricultores, e, portanto, entender esses ciclos significava saber quando preparar a terra, plantar, irrigar, bem como o instante correto de colher. Toda uma civilização dependia dessa compreensão, na verdade, todo o desenvolvimento da humanidade dependia dela. O que os sumérios fizeram de forma sistemática, assim como outros povos, foi observar e estudar os céus; entender seus diferentes astros, catalogá-los; e registrar, minuciosamente, suas diferentes passagens pela abóbada celeste, a fim de antever e prever seu retorno, antecipá-los e, assim, compreender esse complexo "relógio" de múltiplos ponteiros, não só antevendo o retorno do Sol à mesma posição e cravando, dessa maneira, o movimento do ano, mas também as diferentes posições e movimentos da Lua, e de todos os planetas visíveis a olho nu, que nesse caso e durante milênios seriam aqueles até Saturno.

É exatamente aí que de fato começa a astrologia, e nos deparamos com o problema que eles enfrentaram: como marcar o movimento do Sol e de todos esses astros, como tornar tal registro preciso e legível, de forma que diferentes pessoas em momentos distintos consigam comparar esses dados e dialogar entre si? A solução é bem complexa e incrivelmente engenhosa, veja bem: há estruturas fixas no Céu, as quais se repetem todas as noites com variações muito curtas, e há aqueles astros fundamentais que transitam por elas. Ou seja, existem as estrelas, os planetas e os demais astros, e o Sol, claro. Esses astros fundamentais se movem sob as estrelas, portanto, elas podem ser usadas de referência para marcar a passagem deles. O que os sumérios fizeram de modo muito, mas muito eficiente foi dividir o céu segundo seu sistema matemático de base 6 em 12 partes idênticas em tamanho, cada uma dessas 12 com 30 graus, somando um total de 360 graus. A questão é que eles não chamaram de setor um, setor dois, setor três, etc., mas deram um nome e um símbolo para cada um deles. Sim, cada um desses setores fixos no céu é um dos 12 signos, portanto, o setor dos primeiros 30 graus é o setor Áries, e depois o setor de Touro, e assim por diante. Qual a função prática disso? Bom, primeiro eu posso dizer que o Sol anda, quase exatamente, um grau por dia dentro desses setores. Se hoje ele estiver no 17º grau de Virgem, amanhã estará no 18º, e assim por diante, e quando ele passa por todos os 12, temos então um ano. Segundo, que eu posso olhar para o céu, se entendo corretamente a dinâmica dos setores, e perceber que o Sol se encontra, por exemplo, no 23º grau de Libra, e que isso corresponde a pouco mais que a metade do ano. Facilita a comunicação e a coordenação de diversos trabalhos; eu posso instruir todas as pessoas a prepararem a terra quando o Sol entrar em Capricórnio, e a plantarem quando ele chegar a Áries, por exemplo. É prático e até fácil de decorar, para falar a verdade. É mais óbvio do que parece, se você pensar bem, ao longo de um dia, os 12 signos atravessam o horizonte, um a cada duas horas. A todo momento o céu me apresenta seis signos visíveis (lembre-se de que o sistema matemático dos sumérios é de base 6) e eu sei que existem seis signos não visíveis, escondidos atrás da Terra. Quantas horas tem o dia mesmo? Ah, 24 horas? E são duas horas para cada um dos 12 signos no horizonte? É, é isso mesmo, os sumérios sistematizaram o tempo de maneira tão eficiente que usamos esse sistema até hoje, só esquecemos que foi desenvolvido assim. E esse sistema, muito bem formado, é fundamental para nos orientarmos e agirmos de forma civilizada e coordenada. Quando digo "reunião às 14 horas", todos sabem o que isso significa. Os sumérios só diriam algo diferente, como: nos reunimos no dia em que o Sol estiver a 28 graus de Peixes, e assim que o signo de Virgem aparecer no horizonte, o que para um bom entendedor seria bem no início da noite.

Obviamente, a posição do Sol ao longo do ano tinha e tem um impacto total na agricultura, e isso se tornou fundamental; assim como a crença popular, também a posição da Lua para um conjunto de tarefas que começam na navegação e vão até a produção de tijolos, em razão de sua capacidade de movimentar as águas/umidade, e isso é fácil de percebermos. Mas os sumérios mantiveram uma teoria a partir daí: se o Sol e a Lua influenciam de forma tão definitiva a vida na Terra, será que os outros grandes astros, os diferentes planetas também não exercem influência? O que eles fizeram foram registros sistemáticos ao longo de séculos, anotando posições específicas de planetas e registrando os eventos que se seguiam na Terra, desde uma enchente até o aparecimento de algum animal selvagem ou a morte de alguém. Não só registraram tais eventos, como também foram cruzando informações, e sei que muitos cientistas são bem céticos em relação à astrologia, mas acho particularmente feio se, ao perceberem o esforço primitivo desse povo em registrar e cruzar dados e levantar hipóteses, não reconheçam um esforço científico e uma vontade genuína de compreender o mundo, tal qual qualquer verdadeiro cientista.

Voltamos aqui à questão original do capítulo: *o que é astrologia?* Vou responder utilizando a lógica que me parece própria aos sumérios e, assim, explicar por que dei essa grande volta falando da história da astrologia. Do ponto de vista desses povos, que percebiam que a passagem do Sol e dos demais astros sobre os signos afetava de forma evidente a vida na Terra quando olhavam para a natureza e suas plantações, como não supor que, todos os grandes astros, passando pelos diferentes setores do céu, não influenciariam a vida como um todo? E supondo que a posição deles no céu influencia as plantas e as marés, como posso não supor que a vida do ser humano não é influenciada por essas passagens e posições? Não seria lógico e lúcido fazer essa suposição?

Vamos ao ponto então: analisando em sua origem, a astrologia não é o estudo dos signos; os signos são o sistema pelo qual a astrologia nos foi dada, portanto, aqui vamos entender a astrologia como o estudo da influência dos astros segundo suas diferentes posições e estruturas, no desenvolvimento e na determinação da vida biológica na Terra, podendo supostamente gerar diferentes qualidades e comportamentos dentro da vida biológica como um todo, inclusive – e principalmente – no comportamento e na personalidade do ser humano.

Citações para se acrescentar:
"A ordenação dos corpos celestes é superior àquela do nosso mundo embaixo. É imóvel por todo o sempre, e transcende a compreensão humana. E por isso o mundo inferior foi tomado pelo medo e anseia diante da beleza extraordinária e estabilidade eterna das coisas acima [...] os mistérios se moveram várias vezes nos céus segundo os movimentos fixos e períodos de tempo, ordenando e nutrindo o reino inferior através de determinadas emanações secretas" (passagem do hermetismo/Citado por MARSHALL, 2006, p. 284).

II – UMA TEORIA DA ASTROLOGIA

Sei que em geral a astrologia não propõe teorias, até pela dificuldade que isso seria, mas acho um erro. Mesmo que não tenhamos como decifrar o complexo mecanismo que ligaria a posição dos astros à formação de uma personalidade, que estejamos ainda longe disso e até sem estudos nessa direção, é interessante e importante gerar uma teoria, ainda que não a possamos confirmar, mas que ela fique registrada como uma hipótese interessante.

Dou uma explicação pessoal muito básica sobre esse ponto complexo e, de fato, indeterminado ainda no amplo conjunto das ciências humanas, que é a formação da personalidade. Mas antes de teorizar é importante entender que: nós percebemos que as pessoas têm personalidades bem distintas, comportam-se de maneira diferente ainda que nas mesmas situações, fazem escolhas diversas e têm preferências e interesses distintos de nós, com todo o avanço científico que atingimos, não conseguimos ainda entender como ou por quê. Há várias teorias da psicologia, inclusive complexos testes que conseguem delimitar com alguma clareza **quais** são essas diferentes personalidades, mas nada nem ninguém, ainda hoje, oferecem uma explicação plausível de **por que** essas diferentes personalidades existem e, principalmente, **como** são formadas em cada ser humano. Vamos pontuar que mesmo crianças sendo criadas em uma mesma casa, sob regras e condições praticamente idênticas ao longo de toda sua formação podem desenvolver personalidades bem diferentes, e isso é um fato verificável por qualquer um. A astrologia talvez seja a única área do conhecimento e estudo humano que visa desenvolver teorias sobre a formação dessas diferentes personalidades, pontuando-as com bastante precisão de detalhes. Ainda que outras ciências não gostem ou entendam como simples superstição, não se deve negar que esse é o campo teórico de estudo da astrologia aplicada à personalidade e aos mapas natais.

O assunto é tão complexo quanto as personalidades distintas entre si, por isso proponho outra abordagem. Para formar uma teoria, em vez de pensar em uma pessoa (o que implicaria um número gigantesco de fatores), vamos simplificar e pensar em uma planta, mais especificamente uma árvore, para que possamos imaginar e visualizar o que eu proponho. A questão é: *o que determina a forma final de uma árvore?*[1] Em geral, apontaríamos dois fatores fundamentais que devem se combinar para esse resultado final, e vou não só descrevê-los, como também oferecer um terceiro e até um quarto fator. Vamos lá:

Em primeiro lugar, podemos apontar com clareza e até como um ponto fundante o **DNA da árvore**. O material genético que uma semente traz consigo é absolutamente importante para a árvore que ela vai se tornar, isso é um fato tanto para uma planta como para qualquer ser vivo. Estão ali já na semente todos os atributos e as características que a árvore precisa para se desenvolver. A questão é que essa é só a primeira parte da história, porque, mesmo com duas sementes geneticamente idênticas, isso não significa que terei como resultado duas árvores idênticas, a forma como cada uma vai se desenvolver depende de fatores externos a elas. Daí vem o segundo fator, **o Meio**. Se eu pegar essas duas sementes geneticamente idênticas e plantar uma em um deserto e a outra em uma floresta tropical, com certeza, terei duas árvores distintas, pois receberão luz, água e nutrientes diferentes à medida que se desenvolvem e, por isso, terão de tomar caminhos distintos conforme crescem.

O assunto poderia estar resolvido aí, mas é neste ponto que vou acrescentar minha teoria: há um terceiro fator ligado ao tempo, o período no qual a semente germina, e vou insistir que isso vai mudar em

---

1. Ou seja, da mesma forma que pensamos em uma pessoa e queremos entender como o neném vai se tornar um adulto com uma personalidade única e delimitada, distinta de outros adultos, eu gostaria de entender como sementes semelhantes se tornaram árvores de forma e configuração distintas; o que acontece ao longo desse processo e como ou se podemos prever algo sobre esta configuração final.

grande parte o desenvolvimento dela. Imagine que eu pegue essas duas sementes geneticamente idênticas e as plante no mesmo local, com os mesmos nutrientes no solo, água e acesso à luz solar. No entanto, uma será plantada na primavera e a outra no inverno, germinando nesses períodos distintos. A questão é que o momento em que elas germinam (não só o lugar) vai impactar seu desenvolvimento. Sabemos que cada árvores terá, em fases distintas de seu crescimento, luz, calor e água em proporções diferentes, e isso vai ao longo do tempo impactando a forma como deve crescer. Há aqui um certo tipo de relógio biológico que começa a ser marcado no momento em que a semente germina e impacta de maneira definitiva também naquilo que a árvore vai se tornar, pois desencadeia processos biológicos/químicos em momentos distintos. Esse terceiro fator é **o Tempo;** não o tempo do relógio, mas um tempo próprio que cada indivíduo, cada ser tem e, a meu ver, lança uma luz sobre a importância da astrologia, pois esse tempo é determinado não só de acordo com a posição da Terra em relação ao Sol, mas provavelmente sobre os ciclos da Lua dentro dessas diferentes fases de desenvolvimento. Isto é, se uma semente germina em uma Lua Cheia, só verá outra Lua Cheia depois de 28 dias, e isso marca um ciclo que pode afetar todo o seu crescimento ao longo da vida. Se ambos, Sol e Lua, podem exercer tal influência, por que não acreditar que outros astros não a exerçam também, e esse é o princípio básico que se aplica à ideia do mapa natal de uma pessoa.

Não significa que o que uma pessoa é seja determinado exclusivamente pela astrologia. Dentro da nossa hipótese, o que uma pessoa é tem uma relação inquestionável com o DNA que ela carrega, com o meio onde ela se desenvolve e aqueles "nutrientes" aos quais ela tem acesso, não só físicos, mas também psicológicos,[2] bem como com esse *relógio biológico* ao qual está sujeita no momento em que nasce, que parece a influenciar em longo prazo seu desenvolvimento e personalidade. Nós não entendemos ainda por que os planetas seriam tão determinantes nesse momento, que tipo de forças opera aí com clareza, isto é verdade. No entanto, podemos identificar, ao comparar diferentes personalidades, o resultado e o efeito do fator Tempo na

---

2. A criação, a religião, a cultura, a escola e os amigos, por exemplo.

conformação de características semelhantes, de acordo com a posição dos astros no instante de seu nascimento.

Posso enumerar, também, um quarto fator, que a meu ver é **o Acaso**, pois há a possibilidade do acidente, tanto de forma positiva quanto negativa. Se um raio cai em uma árvore sem que a destrua, isso tem um forte impacto no resto de seu desenvolvimento, assim como quando uma pessoa ganha na loteria, isso também vai influenciar de algum modo a formação e o desenvolvimento de sua personalidade.

III – ASTROLOGIA E SIMBOLISMO

Uma questão fundamental e determinante da astrologia é que ela nos é dada pelo símbolo, isso é um fato em vários sentidos: primeiramente, um conjunto variado de iconogramas dispostos em uma mandala é o que nos revela a posição de cada astro no céu quando nascemos, ou seja, não é um texto, mas um conjunto de imagens dispostas sobre um círculo. O segundo é que todos os elementos astrológicos nos são dados por meio de símbolos repletos de significado, por exemplo: Marte está em Libra, quer dizer, não é o quarto planeta do sistema solar transitando entre o 180º grau da abóbada celeste, e sim o planeta referente ao deus Marte da guerra dentro do signo Libra do equilíbrio. Planeta, signo e casa ganham uma dimensão dentro da lógica astrológica muito mais profunda e densa, dimensão simbólica que devemos decifrar para entender o significado do conjunto da carta natal.

Existe uma variedade de motivos para que a astrologia nos seja dada assim, por intermédio dos símbolos. O primeiro, e mais óbvio, é a capacidade de condensar informações. Há uma imensa praticidade no fato de expor tanta informação dentro de uma estrutura tão simples, um único desenho que ocupa uma página condensa em si mesmo um conjunto de dados e informações que para ser escrito necessitaria de mais de 30 páginas. O segundo é que ao observar esse desenho você não precisa ir e voltar em um texto várias vezes, todas as informações estão ali ao mesmo tempo; se as souber ler, fica muito mais fácil compará-las, contrastá-las ou associá-las umas às outras, gerando uma possibilidade interpretativa incrivelmente dinâmica. O terceiro motivo é que cada símbolo está carregado de significado, sendo preciso lembrar que ele não significa algo imediato, não é um simples sinônimo, como se poderia pensar. Cada símbolo abre um leque de significados, cada imagem ali revela um conjunto profundo de interpretações que são imensamente significativas. Há profundidade nessa estrutura, ela não se esgota em si mesma como as palavras fariam individualmente, por isso precisam ser investigadas. O quarto ponto é que os símbolos têm uma vantagem: aparentemente seu significado pode ser desvendado por qualquer um que se debruce sobre eles, sem necessariamente haver muito conhecimento sobre o assunto tratado ali. Com isso, a informação se torna dinâmica e não precisa de um tradutor para dizer "isso significa aquilo". Vou tomar o exemplo anterior, "Marte em Libra", o astro do deus da guerra, da ação, está no signo da balança, o signo do equilíbrio. Seria de fato muito surpreendente para alguém que nunca teve contato com esse símbolo se lhe fosse dito que essa pessoa tende a lutar/agir na vida dela de forma equilibrada e ponderada, e que evita agressividade? Eu realmente acredito que não, ou seja, os símbolos falam por si mesmos para quem os quer entender e revelar. Sua estrutura é eficiente e incrivelmente dinâmica. Mais do que isso, os símbolos tendem a penetrar em uma estrutura subconsciente de forma muito eficiente. Muitas vezes, se seu consciente não captou seu significado, seu inconsciente o fez, e isso tende a gerar um grande efeito de profundidade e amplitude do seu conteúdo.

Grande parte do nosso problema é que nosso mundo, a modernidade, perdeu o contato direto com a comunicação simbólica. Em outro momento da história, provavelmente, eu não teria de explicar isso, mas a linha de conhecimento que desenvolvemos no último século (ou um pouco mais), por vários motivos, nos afastou dessa linguagem. Portanto, há grande dificuldade de entendimento e interpretação, ou mesmo de credibilidade, dessa informação que foi durante milênios da humanidade algo incrivelmente natural e eficiente para a estrutura humana, e sobreviveu para nós aqui na astrologia. Há muitos motivos para termos cortado esse conhecimento simbólico ou nos distanciado dele. Nem todos são ruins, a dualidade simbólica, suas múltiplas vias de interpretação para alguns campos de estudo podem ser muito pouco eficientes, tal como as ciências em geral. Mas não nos cabe aqui falar sobre isso, nos cabe dizer que: a astrologia nos é dada de forma simbólica, e é de total importância entender, portanto, seus símbolos para compreender devidamente o que ela propõe.

Também é de extrema importância entender a dinâmica da linguagem simbólica para não desfigurar completamente a informação que lhe está sendo dada por ela, e vejo que este é um dos maiores problemas da astrologia hoje: o não entendimento do símbolo como veículo da informação, mas equivocadamente, como *ela própria*, ou um tipo de tradução imediata. Eu dou um exemplo simples: a Lua. Esse astro na astrologia simboliza amor, sentimentos, afeto, laços afetivos, ou seja, um leque de informações que caminha dentro de uma mesma direção e não vai se esgotar só nestas palavras que propus aqui. Eu digo, *a Lua simboliza e revela sua capacidade e potencial de produzir laços afetivos*, e pergunto: *qual seu laço afetivo mais original e fundamental?* Rapidamente, e sem hesitar, todos respondem **"a mãe"**. Ok, está correto, mas muitas pessoas vão se precipitar e dizer: "a Lua no seu mapa representa sua mãe". Esse é um grande erro, o simbolismo da Lua com certeza não se esgota na mãe, e muito dificilmente representa quem sua mãe é, talvez represente a visão que você tem dela, mas dificilmente ela mesma. Reduzir o símbolo ou tentar interpretá-lo de forma direta é um dos maiores erros que se pode cometer ao trabalhar com a linguagem simbólica. Se a Lua representa laços afetivos e sentimentos, com certeza, a sua relação com sua mãe passará pela dinâmica da sua Lua, mas não vai se esgotar aí. Esse é o ponto mais importante a se salientar e o maior cuidado que temos de ter com os símbolos: não tentar reduzi-los nem limitá-los.

É muito interessante notar que os símbolos têm o poder de penetrar de maneira potente e eficiente os ambientes muito difíceis e insólitos do conhecimento, se corretamente utilizados. Não digo isso individualmente, posso adiantar que alguns dos grandes filósofos trataram deste tema e dessa possibilidade usando os símbolos como uma ferramenta de estudos, capaz de acessar espaços que sua estrutura discursiva "linear" não conseguiria. Não é meu objetivo discutir sobre eles aqui, mas para os curiosos podemos citar Mircea Eliade, Paul Ricœur,

Gaston Bachelard, alguns escritos de Martin Heidegger, nos quais ele aborda a poesia como uma forte fonte de conhecimento para a estruturação do homem, e assim por diante. Mas vamos fugir dessas grandes figuras agora, e abordar algo mais simples para começar: *uma criança*. Muitos psicólogos vão concordar que pedir a uma criança que faça um desenho para você é uma forma muito potente de compreender coisas que ela não diz. A maneira como ela desenha, a dinâmica e a estrutura simbólica do desenho podem revelar não só coisas que a criança não pronuncia, mas também expor com clareza algo que ela não tem *como* pronunciar, por não conhecer as palavras exatas ou as sensações, mas consegue expressar muito claramente dentro de uma imagem, por mais simples que essa imagem seja. Assim, podemos ter um vislumbre mais claro do tipo de linguagem de que estamos falando. É claro que, esse desenho, essa imagem, tem de ser cuidadosamente traduzida; não é uma tradução literal, a imagem demanda que se debruce sobre ela e se pense com clareza, e é isso que proponho dentro do pensamento astrológico: que se entenda que a astrologia está dada de forma simbólica e perceba que é uma linguagem profunda e delicada, que não pode ser simplesmente reduzida a interpretações muito diretas e limitadas.

Vamos supor que ainda não esteja claro, e que há dúvidas sobre o que estou explicando e propondo. Então, tenho um último artifício, vamos usar a astrologia mesmo. Digamos que eu disponho para uma pessoa que não sabe nada sobre astrologia e os 12 signos nem seus nomes, as figuras pelas quais são revelados, ou seja: um carneiro, um touro, um par de gêmeos humanos, um caranguejo dentro de uma concha, um leão, uma jovem segurando um ramo, uma balança, um escorpião, um centauro carregando um arco e uma flecha, um bode com rabo de peixe, um homem derramando um jarro e um par de peixes. Em seguida, peço que essa pessoa faça uma distinção para mim entre os símbolos que são para ela potencialmente perigosos ou agressivos, aqueles que ela tomaria mais cuidado e os que não o são. Você acredita que ela não conseguiria distinguir realmente aqueles signos que revelam pessoas de caráter mais competitivo, agressivo, mais dispostos a embates, daqueles que são possivelmente mais tranquilos, calmos ou moderados? O que quero dizer com isso? A astrologia fala, e fala por si só, se você prestar atenção em seu repertório simbólico, perceberá que ela foi estabelecida em um formato simbólico muito potente e o quanto essa comunicação é eficiente. Talvez alguém encare como um tipo de discriminação entre pessoas, como se separasse as boas das ruins, mas, com certeza, não é isso que quero dizer. Tudo depende da função que se espera da pessoa. Por exemplo: digamos que sua cidade será atacada, e você precisa escolher, com base nesses símbolos que enumeramos, três que, só pela dinâmica do símbolo, lhe parecem mais propícios ou capazes de defender sua cidade. Quais escolheria? E se eu disser que precisamos apresentar um espetáculo, algo que cative todos e cause comoção, e você precise escolher apenas um entre esses símbolos, simplesmente baseado em sua imagem. Qual escolheria? Eu escolheria o leão, com certeza. E se, na verdade, eu disser que temos de negociar com outra cidade, que precisamos chegar a um acordo e gerar paz, e você pode escolher apenas um símbolo para executar essa tarefa, qual escolheria? Será que só pelo símbolo conseguiríamos dar palpites? Tenho certeza que sim. O nosso racional, nossa consciência tentam dizer que não, que não se tem informação suficiente, mas seu subconsciente começa, logo que você lê a proposta, a fazer as escolhas por si e, possivelmente, as escolhas corretas.

Bom, há ainda alguns problemas nessa lógica. O primeiro é que cada pessoa, diferentemente da crença popular, não pode ser representada por um único símbolo, mas, sim, por um conjunto de símbolos estruturado de forma bem complexa. Ninguém tem só um signo no mapa, o que é óbvio quando se olha uma carta natal, e dificilmente tem todos os 12 também, a carta apresenta um leque deles, mas deixemos esse problema para mais tarde. Há dois problemas mais imediatos e fundamentais.

O símbolo não fala por si de forma individual, ele lhe fala algo segundo sua experiência no mundo, ou seja, o Sol nunca simbolizaria algo para alguém que nunca o viu, é preciso ter uma experiência muito clara e evidente para, a partir dela, entender o que o Sol pode simbolizar. Algumas pessoas vão dizer que as experiências são distintas e subjetivas, e em certo nível são, mas no nível verdadeiro e importante, não! Todo mundo que vivenciou o Sol no verão, na praia, no deserto, no campo, vai sentir a força e o calor de forma bem clara e definitiva. Tudo bem, todo mundo já viu o Sol, graças a Deus, mas há níveis diferentes de vivência da experiência do Sol. Uma coisa é você vivenciá-lo a partir de um apartamento cercado de outros prédios altos durante sua vida, e outra muito diferente é você ter nascido no deserto e trabalhar todos os dias da sua vida sob o Sol do Saara em cima da areia. Isso muda sua capacidade de simbolizar, de entender. A pessoa mais próxima do elemento natural tem uma capacidade muito mais definitiva de compreender um símbolo daquele elemento.

Quero dizer com isso que o pressuposto necessário para perceber que o escorpião simboliza algo potencialmente perigoso é que você saiba o que é um escorpião, e tenha alguma vivência dele. É preciso uma experiência. Se você já tiver visto um escorpião na sua vida, de fato, sabe que seu subconsciente lhe mostra um medo total e imediato na hora em que o percebe. Você pode até não saber o porquê, mas seu subconsciente sim, e sua atenção nele fica total, você não olha para mais nada e a adrenalina descarrega no seu sangue muito rapidamente. Essa vivência seria relevante para compreender de maneira correta o que o escorpião pode possivelmente simbolizar. É claro que não vou sugerir que você compre escorpiões e os solte em seu quarto, mas, sim, que tente imaginar o que as pessoas que escolheram esse símbolo queriam dizer com ele a partir da experiência delas. E esse é um grande problema, uma tarefa importante e realmente difícil. A astrologia nasce na Mesopotâmia, onde hoje é o Iraque. Lá, com certeza, os habitantes tinham uma vivência muito real do que era um escorpião, e temos de entender isso para compreender por que escolheram e usaram esse símbolo para o deciframos corretamente.

Vou insistir nesse problema, outro exemplo é o leão. Uma coisa é conhecer um leão de fotos, ou ter assistido ao filme *O Rei Leão*, outra completamente diferente seria escutar seu rugido de noite, ou dar de cara com um no deserto, você ali a pé tentando direcionar suas cabras. Porque é essa a perspectiva que essas pessoas viviam, e é a partir desse tipo de experiência que elas estruturaram tais símbolos. É de fato difícil para nós, crescidos dentro de uma cidade, distantes do contato imediato com a natureza, conseguir traduzir corretamente esse arcabouço simbólico. Por isso temos de fazer um grande esforço imaginativo, colocando-nos no lugar dessas pessoas que originaram a astrologia, para que possamos mesmo conseguir entendê-las, já que dificilmente teremos uma experiência tão verdadeiramente intensa como a delas.

Nossa relação para com o mundo é cada vez mais indireta e, às vezes, simplesmente virtual. Por exemplo, quase todo mundo toma ou tomou leite em algum momento da vida, mas um número cada vez mais reduzido de pessoas realmente viu uma vaca, ou pior, pouquíssimas pessoas encostaram em uma. Significa que teríamos uma grande dificuldade de entender de fato o que uma vaca simboliza. Lemos sobre essa possibilidade e a aceitamos, mas dificilmente temos o real contato ou vivência. Esse é um dos motivos pelos quais a modernidade tem dificuldade de entender os símbolos e se afasta cada vez mais deles, e com eles da capacidade poética, porque ela mesma pressupõe um conjunto de vivências com o real, com os elementos da natureza. Esse conjunto de símbolos que a astrologia nos traz é muito primário, fundamental. Os sumérios que deram origem à astrologia também deram origem à agricultura, eram grandes agricultores, e isso é um fato tão primordial para entender tanto por que simbolizaram a astrologia com tais símbolos, quanto para compreender por que e como a desenvolveram.

Outra questão básica desse problema fica muito evidente quando apresento os signos de Áries e de Capricórnio, simbolizados pelo carneiro e pelo bode. A imensa maioria das pessoas não sabe que são animais distintos, e com isso, claro, não sabem que têm necessidades e comportamentos muito diferentes um do outro. Um sumério saberia claramente essa distinção e entenderia muito rapidamente por que simbolizam qualidades tão distintas um do outro.

Espero que tenham entendido que isso pode parecer muito corriqueiro, mas não o é. Sei que não se quer saber como são criadas cabras ou ovelhas, e sim de astrologia, mas como está simbolizada por esses animais, torna-se necessário entender o porquê para realmente traduzir e compreender as qualidades de Áries e Capricórnio. E, sinceramente, esses signos durante muito tempo foram muito mal compreendidos ou interpretados em parte porque as pessoas não entendem esses símbolos com cuidado.

Eu vejo a astrologia, em alguns momentos, tentando tratar dessa questão, explicando o símbolo, fazendo uma espécie de tradução, ou oferecendo um significado místico fantástico, o que pode ser até eficiente, mas também bem perigoso, pois pode dar uma impressão bem equivocada ou aleatória sem conseguir sair do lugar. Dificilmente vejo alguém abordando o símbolo como um veículo, o que de fato ele é. O símbolo não é o fato, a qualidade em si, magnífica e mística, mas, sim, o veículo pelo qual certas qualidades são trazidas a nós de forma eficiente e sintética, mas com ampla possibilidade de aprofundamento.

Meu objetivo neste livro é esclarecer a questão simbólica presente na astrologia, e usá-la com a máxima eficiência para ajudar as pessoas a entenderem a astrologia de uma forma mais simples e coordenada. O primeiro passo é este: explicar que você pode entender o símbolo astrológico se desejar, mas, para isso, precisará da vivência com aquilo que está simbolizado, por exemplo: criar uma cabra ou ver um escorpião, ou precisará fazer um processo imaginativo e até de pesquisa para entender por que aquele animal ou figura foi usado como símbolo, e daí o que ele quer simbolizar. (Com isso, espero realmente que as pessoas estejam pesquisando a diferença entre um bode e um carneiro; se não o estão, não instiguei sua imaginação corretamente). Mas tudo bem, aqui vamos auxiliá-lo em algumas dessas traduções, mas é importante saber que você as pode fazer por conta própria se se dedicar.

Há também um segundo caminho, o qual faz parte da minha proposta. De fato, é exatamente minha proposta aqui. Consiste em não focar tanto esses elementos aos quais temos, hoje, pouco acesso, tais como o carneiro e o caranguejo, mas encontrar e propor formas de tradução dessas qualidades mais próximas da nossa vivência. Ou seja, símbolos que sejam mais facilmente traduzíveis por nós, em razão da proximidade do contato. Já adianto que não é como fazer uma troca, há muitas formas de simbolizar, uma vez que o símbolo é só o veículo. Você vai ver que em determinadas situações vou propor um símbolo e, depois, outro bem distinto. Isso não é um problema, a grande questão é fazer com que percebamos quais qualidades e estruturas queremos revelar ali, isto é, que o símbolo seja um veículo eficiente para fazer essa difícil tradução muito improvável. Digo improvável em função da complexidade do que queremos revelar e sua característica insólita: elementos complexos da personalidade humana. Elementos que, segundo a lógica astrológica, pressupõem os mais distintos, magníficos, geniais ou perversos comportamentos humanos, cuja complexa combinação permite uma variedade quase infinita de manifestações.

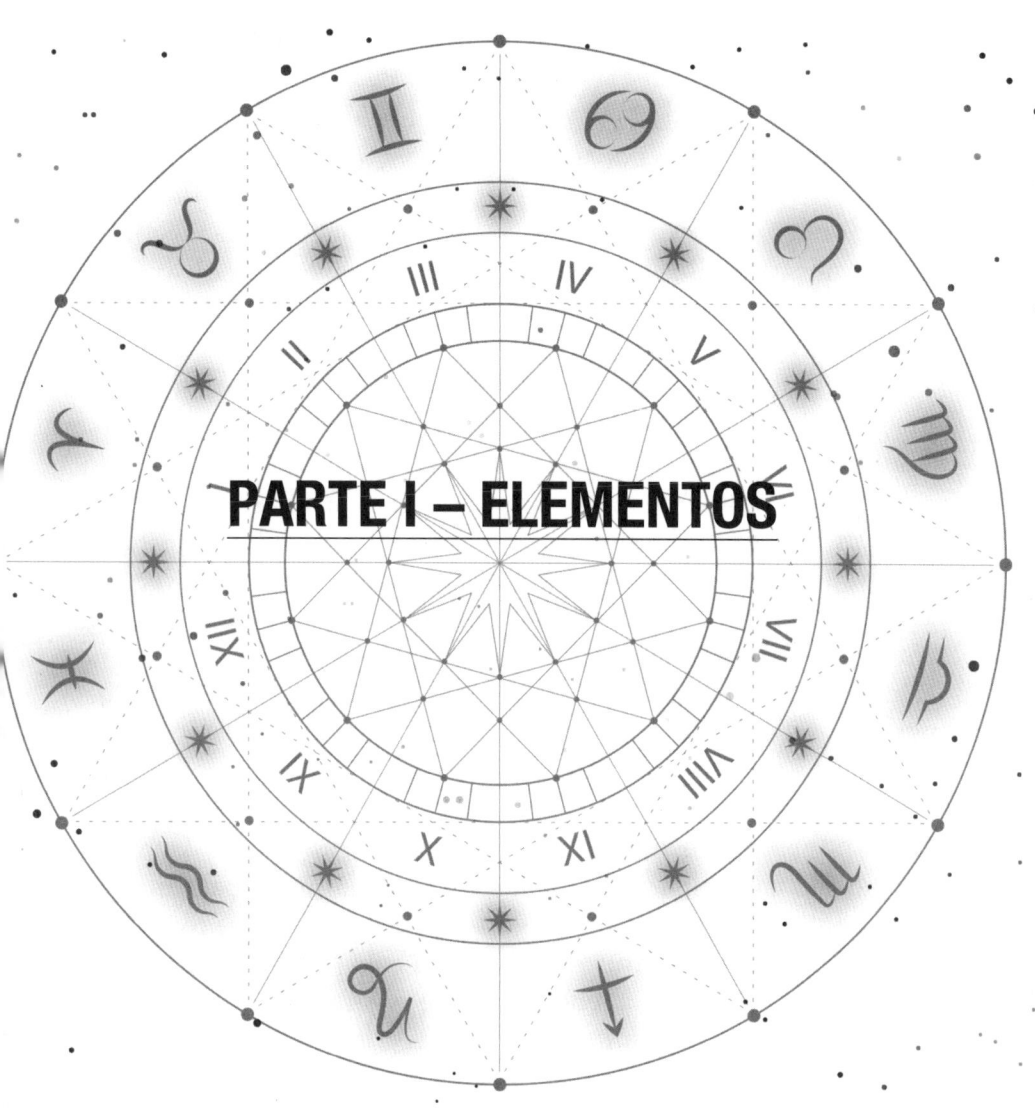

PARTE I – ELEMENTOS

I – SOBRE O SIMBOLISMO DOS QUATRO ELEMENTOS DENTRO DA ASTROLOGIA

Se vamos explicar a astrologia de forma simbólica, nada mais justo e didático que começar pelos quatro elementos, mas, antes de dissecá-los, é preciso fundamentar duas questões. A primeira é que os quatro elementos não estavam presentes na astrologia suméria, eles são um acréscimo posterior muito próspero que determinou a astrologia a moldes mais próximos da nossa cultura ocidental. Correspondem de fato aos acréscimos gregos, que desenvolveram a filosofia e uma vontade de entender e sistematizar o mundo. Muitos dos seus filósofos buscaram explicar a origem e a estrutura do universo usando os elementos mais fundamentais dele em suas opiniões, ou seja, os quatro elementos. Portanto, nada mais justo que no momento que se encantaram pela astrologia tentassem estruturá-la em um sistema mais ordenado, e os 12 signos fossem divididos em quatro grupos e organizados segundo seus princípios fundamentais.

Mas os gregos não foram os únicos filósofos a tentar estruturar o mundo a partir dos quatro elementos, posso citar outro nome com uma explicação mais moderna: o filósofo francês Gaston Bachelard. Segundo ele, a imaginação humana segue um mesmo tipo de estrutura fundamental, motivo pelo qual alguns temas e símbolos se repetem de forma tão semelhante dentro da literatura e da poesia de culturas tão distantes. Bachelard usa a fenomenologia poética como método para provar e explicar seu ponto de vista. Mas o que nos interessa neste momento é que ele vai nos dizer que parece que os elementos Fogo, Terra, Ar e Água são a base da imaginação, por isso são recorrentemente usados de forma simbólica na história da humanidade. Mas por quê? Segundo Bachelard, porque você pode dissecar simbolicamente muitos símbolos, como Sol e Lua, árvores, e sempre descobrir algo por trás deles, mas especialmente, os elementos não há como dissecá-los, eles não o permitem. É como se se tivesse chegado ao fundo máximo da imaginação e, portanto, eles ajudam a compor todo o imaginário. São, dessa forma, muito ricos para nós que já sabemos que a astrologia tende a ser acessada pelo símbolo, e é isso que tentarei fazer agora.

Vamos analisar esse simbolismo. Já sabemos de antemão que quando falamos dos quatro elementos na astrologia, não estamos nos referindo exatamente a Fogo, Terra, Ar e Água como elementos físicos, mas, sim, como símbolos. Esses símbolos são tão fundamentais que, muitas vezes, não preciso explicá-los a partir de sua origem aos alunos, proponho um tipo de jogo no qual eles mesmos acabarão me revelando um leque simbólico expressivo de cada um dos elementos. Por exemplo, ao propor a frase: *"Este homem tem o pé no chão"*, estou simbolicamente associando uma pessoa ao chão, a terra, e explicando que vejo em ambos questões parecidas, mesmo que tenha dificuldade de esclarecer isso inicialmente. Digo também: *"Este menino é muito aéreo"* e dou ao menino uma qualidade simbólica de ar, digo que identifico questões semelhantes. Bom, vou começar por estes.

A partir desta única frase: "Este homem tem o pé no chão", posso pressupor um conjunto imenso de qualidades e, também, de possíveis defeitos que essa figura possa ter. Esta é a função do símbolo: abrir um leque de significados potentes. Vou seguir alguns deles aqui. *"Ele tem o pé no chão"* é uma pessoa cautelosa, alguém que não se precipita, que não se arrisca desnecessariamente. Podemos supor que ele age de acordo com o que sabe, pois se "tem o pé no chão" não pisa em terreno desconhecido ou instável. É fácil entender que se trata de uma figura paciente, capaz de esperar o tempo certo para dar o próximo passo e, consequentemente, alguém que tende a se estruturar para que nada dê errado. Há uma tendência muito clara de ser uma figura trabalhadora, disposta a colocar "*a mão na massa*"[3] para chegar aonde ela quer, com uma visão do mundo que leva em conta o que vê e não o que não vê, o que conhece e não o que não conhece, o que tem em mãos e o que pode

---

3. Curiosamente, outra expressão que traz a ideia de materialidade, que liga o sujeito à fertilidade simbólica da "terra".

fazer, e não o que ele não tem e o que não pode. Falamos necessariamente de uma figura realista com grande capacidade de transformar o mundo física e estruturalmente, que encara o mundo de forma empírica e tende a preservar a tradição, a dar continuidade àquilo que já se provou dar certo.

Também, acho muito pertinente entender o que essa pessoa não é. Fala-se muito da ideia de "sombra", mas não gosto desse termo, tudo no mundo que "é algo" deixa de ser ao mesmo tempo muitos outros "algos", e gosto de levar isso em consideração. Esse homem, que "tem o pé no chão", o que ele não é? O que não podemos esperar dele? Não podemos esperar que se arrisque, seja ousado, aja por instinto ou impulso; ele tende a ser um tanto previsível, e pode ser lento, agir no seu próprio tempo. É possível que o vejamos como "frio" em certas circunstâncias, porque ele age com planejamento e paciência. Tende a ser alguém de hábitos constantes, talvez com manias, que pode lutar para preservar os elementos e as ações do mundo nos quais ele acredita que garantam sua estabilidade e segurança. É alguém que avalia o mundo a partir da matéria, da realidade e, portanto, muitas vezes pode ser visto como um pessimista ou materialista.

E *"este menino é muito aéreo"*? O que acontece quando ligo simbolicamente esse garoto ao ar? O que posso pressupor dele a partir dessa ligação tão diferente da terra? Primeiramente, que é alguém que não se prende, cuja mente vaga de forma livre fazendo livres associações, portanto, deve ser alguém muito criativo e inventivo. Sua falta de ligação com o mundo material o faz incrivelmente mental e questionador, capaz de questionar todas as relações e situações do mundo, inclusive seu próprio questionamento. Sua profunda ligação com as ideias e não com a matéria o faz um grande idealista, imaginando não o que mundo é, mas tudo aquilo que ele poderia ser.

O mundo das ideias dentro da mente tem a possibilidade de ser perfeito, e isso é encantador para o ar. O Ar visa à ideia inatingível da perfeição, e não está focado nem no passado nem no presente, mas sim no futuro e em tudo o que pode ser um dia. Por isso, os indivíduos sob esse elemento costumam ter uma natureza um tanto ansiosa e inquieta. Essa ampla liberdade da dimensão do "ar", de todos os quatro elementos o mais disperso, faz dessas pessoas leves e livres, desprovidas de muitas das preocupações da terra e das outras pessoas. Sua ligação mental as leva a amar a mente e a palavra, amam conversar de forma liberta e não objetiva, e adoram a possibilidade do novo, daquilo que é diferente do "comum".

O que não podemos esperar dessa figura aérea? Que se prenda, que se encaixe em um padrão ou rotina fixa, que se prive de mudar ou que tenha uma forma fixa. Não podemos esperar que seja objetiva ou prática, nem que seja presa ao real e ao material. Que se prive das descobertas, de inovações e experiências que o mundo pode lhe proporcionar.

Vamos então ao fogo, o que podemos esperar do mais "agressivo" e "temido" dos quatro elementos? Na falta de uma frase mais clara, costumo tentar encontrar frases mais populares, e uso esta: "*Esta mulher tem muito fogo*". O que podemos supor dela só a partir dessa simples frase? E tenho certeza de que isso abre o imaginário de modo muito eficiente, assim como esperamos de toda a comunicação simbólica. Se ela tem muito fogo, é uma mulher "quente", e isso significa que é ousada e impositiva, arrisca-se e se pronuncia sem medo. Alguém de coragem e impetuosidade, pouco paciente e, possivelmente, competitiva e impulsiva. Se ela "tem muito fogo", imaginamos que seja confiante e independente, age sem precisar consultar outros, por sua própria vontade, e segue seu impulso e desejo. Entendemos que tem vontade de brilhar, gosta de aparecer e ultrapassar limites.

E o que não podemos esperar dela? Que ela apague seu brilho, que se contenha ou que se limite. Não é possível imaginar que se submeta ao julgamento ou à regra de nenhum outro, nem que deixe de se arriscar ou competir, que aceite limitações ou imposições, que desista do que ela mesma deseja e aja com cautela ou paciência.

Já a Água é um desafio à parte. Nada neste último elemento é por si só muito claro ou evidente, e esse é de fato um dos seus princípios. Começo dizendo o que ela não é. Posso usar uma frase que afirma com perfeição **tudo que a Água não representa** e podemos partir deste ponto. "*Ela é muito SECA*". Quando digo isso, retiro da pessoa a qualidade da água. Ou seja, se eu subtrair toda a água, tenho, portanto, a pessoa "seca". Daí, vou entender que falamos de alguém que não é emocional, não está conectado aos seus sentimentos e, também, parece impaciente ou indiferente ao sentimento do outro. Alguém que não leva o emocional em consideração em suas decisões ou interpretações. Dizemos, também, que é alguém que *não é "delicado"*, trata os outros com secura, de forma mais fria e indiferente, que tem pouco tato e sutileza para abordar o outro e suas fragilidades. Essa pessoa pode ser vista, igualmente, como desprovida de certa linguagem poética, pois é "seca", pode ser excessivamente literal e direta.

O que nos resta, então? Quando falamos da água, podemos esperar alguém com certa densidade e profundidade, que interpreta o mundo e se conecta a ele de forma mais espiritual ou poética, que leva em consideração e compreende seu lado mais sensível e sentimental, assim como o percebe nas outras pessoas. Alguém que se sensibiliza, que é, portanto, "não seca", ou capaz de chorar e se comover. Há certa delicadeza, uma capacidade de perceber as demandas e as carências do outro, e uma disposição a tentar supri-las e ajudá-las. De certa forma, a tendência a ajudar pode se relacionar ao fato de a Água simplesmente não conseguir ignorar que percebe a dificuldade e a dor do outro, e isso a afeta diretamente. Também falamos de pessoas pouco objetivas ou práticas, que dão algumas voltas e não costumam ir direto ao ponto.

II – OS ELEMENTOS DE FORMA OBJETIVA

O entendimento destes símbolos – Fogo, Terra, Ar e Água – é fundamental para percebermos sua origem simbólica, porque cada elemento foi adotado como representativo de certas características que encontramos nas personalidades e, consequentemente, permite-nos tratar os elementos com objetividade, o que, dentro da astrologia, pode ser realmente muito útil para ter um diagnóstico das diferentes personalidades que encontramos quando abrimos uma carta natal. Vamos, portanto, ser diretos e objetivos agora, sem rodeios.

O FOGO: o indivíduo tende a lutar pelo seu espaço e pelo que quer, e tem uma capacidade de impor com clareza seus limites pessoais. Esse elemento faz com que a pessoa tenha a disposição de expressar sua vontade e individualidade perante os outros, de forma mais enérgica. Há uma "agressividade", mas o indivíduo não necessariamente se expressa de maneira direta, numa batalha física pelo seu lugar e sobrevivência no mundo, mas de forma ideológica, profissional, na fala, nas conquistas amorosas, e assim por diante. Há uma vontade de lutar por si, provar-se e superar os outros e os limites colocados a si mesmo. Fogo é um elemento desafiador e impositivo.

Sua função fundamental é a mais primordial de todas elas, a mais básica de todas: fazer com que o indivíduo lute por sua própria sobrevivência a qualquer custo, que tenha a capacidade de se salvar individualmente sobre qualquer situação e a disposição necessária para se defender de qualquer ameaça hostil à sua sobrevivência.

A ausência de Fogo no mapa pode revelar indivíduos com muita dificuldade de expressar suas vontades e opiniões individuais, como se não as tivessem de forma própria ou nunca achassem lícito afirmá-las. Evitam se colocar em situações de competição ou em que serão muito expostos individualmente. Tendem a ter dificuldade de tomar iniciativas e fazer escolhas próprias. Podem ter dificuldade de dizer "não" às pessoas quando solicitados, pois o "não" é, em geral, uma postura agressiva na qual você nega ao outro algo, e impõe seu limite pessoal e sua vontade.

O excesso de Fogo no mapa tende a fazer com que o indivíduo esteja sempre em disputa, queira se colocar excessivamente perante os outros, de forma agressiva, tirando do outro sempre aquilo que ele deseja para si, ou só para afirmar que o pode fazer. Pode haver uma excessiva necessidade de que sua vontade seja atendida ou sobressaia sobre a de todos os outros. Pode haver desprezo absoluto por todo e qualquer limite ou regra, e uma contínua vazão de seus impulsos mais básicos. Uma constante necessidade de se afirmar perante o mundo e os demais.

A TERRA: representa uma compreensão muito clara da matéria, da materialidade, da sua própria (corpo) e do mundo. O que isso quer dizer? O indivíduo percebe tanto suas capacidades físicas quanto suas necessidades básicas e seus limites pessoais, de forma clara e evidente. Assim como ele entende os limites impostos pelo mundo, pela natureza e o limite de todas as coisas. Sua visão de mundo é, portanto, realista e objetiva. Ou seja, não visa no mundo ao que ele poderia ser, nem ao que quer simplesmente, mas ao que o mundo é, ao que o indivíduo precisa, e ao que ele pode ou não ter. Essa simplificação da estrutura faz com que essas pessoas sejam muito práticas e tenham imensa capacidade de concretizar coisas. Há uma compreensão muito forte do tempo e da matéria (recurso), portanto é alguém que avalia suas possibilidades pensando sempre: quanto tempo vai demorar e quanto de recursos vou despender? Se o resultado lhe gerar uma equação benéfica, a pessoa vai se prontificar nessa ação. Se não, ela tende a se preservar.

Sua função fundamental é manter e preservar sua sobrevivência, garantir para si que todas as suas necessidades básicas sejam atendidas agora e em longo prazo. Traz a ideia de responsabilidade, e se não fizer sua parte pode perecer. Estocar alimento e lenha para sobreviver ao inverno, entendendo o rigor da natureza, o tempo e suas necessidades representa um ato da Terra. Dedicar-se à construção de uma casa ou lar para se proteger das intempéries ou lhe gerar conforto físico também o é. O ato de arar e de semear a terra, visando colher seus frutos no futuro, é uma ação ligada a esse elemento. É alguém que "planta e rega"[4] regularmente com a intenção de gerar algo que lhe seja positivo no futuro; alguém que espera do mundo um resultado e tem uma forte consciência de causa e consequência.

A ausência de Terra no mapa pode revelar indivíduos com muita dificuldade de se estabelecer, de construir algo em longo prazo, de se dedicar profundamente a um objetivo, ou mesmo de ter um objetivo em alguns casos. Pode se manifestar como uma falta de paciência, dificuldade de esperar ou de entender seus limites e os de outros. Pode-se ver uma insaciedade, incapacidade de perceber quando completou um objetivo básico ou de se estar satisfeito com algo. Um desligamento de seus prazeres e necessidades pessoais, assim como o de bens pessoais

---

4. No sentido figurado, ou seja, que planeja e age visando a resultados futuros, mas talvez também até no sentido literal.

básicos a sua sobrevivência plena. E uma dificuldade de perceber com clareza a ideia de causa e consequência no mundo, de ter uma visão objetiva e realista, de "colocar os pés no chão", de perceber o valor das coisas, em termos de tempo e recursos gastos para conquistá-las.

O excesso de Terra no mapa pode gerar alguém excessivamente objetivo e frio, amplamente cauteloso e ligado à matéria de modo desmedido. Alguém que estoca exageradamente, de forma desnecessária, ou seja, adquire e se apega a bens materiais ou recursos de maneira predatória e desproporcional. Isto é, a terras, dinheiro, bens materiais, e os pode ostentar vigorosamente; que acredita que o valor de uma pessoa pode ser medido pelos seus recursos e pela capacidade de adquiri-los. A pessoa pode tanto trabalhar de forma excessiva e desproporcional, entendendo que deva estar em movimento constante, ou que o mundo sempre a ameace com a ideia da falta ou da ausência, quanto se dedicar excessivamente a seus prazeres materiais, valorizando-os acima de todos os outros possíveis valores humanos.

O AR: tem uma ação social e civilizatória, capacita o indivíduo a viver em sociedade para conseguir cooperar e articular com o conjunto, adaptando-se às vontades e às necessidades de outros. O elemento Ar torna-o capaz de dialogar com o outro, de agir de forma educada e diplomática para possibilitar ações conjuntas. Faz com que o indivíduo seja curioso e capaz de entender novos costumes, o que o ajuda a imitar e se adaptar a situações sociais e temporais diferentes. O Ar torna a pessoa aberta à modernização, às diferentes inovações e adaptações que o mundo pode fornecer. Tem uma função idealizante, faz com que a pessoa consiga pensar situações ideais, perfeitas, cuja existência se daria de maneira plena e não incompleta, injusta ou assimétrica. O indivíduo não se prende ao que o mundo é, ou ao que ele sempre foi, mas se concentra no que o mundo poderia ou deveria ser um dia. Ele desloca seus pensamentos, intenções e ações para o futuro, visando alcançar uma perfeição imaginária que pode ou não se tornar real um dia.

Sua função fundamental é fazer com que o indivíduo consiga viver em sociedade e interagir, e se coordenar para agir e construir de forma cooperativa. Seu objetivo é que a pessoa tenha habilidade social para dialogar e interagir com indivíduos de ciclos diferentes do seu original, consiga se adaptar a línguas, linguagens, códigos e etiquetas diferentes, submetendo-se e se interessando por costumes novos. Faz com que seja possível identificar o que é ideal daquilo que não é, e assim diferenciar o comportamento correto e apropriado do incorreto. É possível trabalhar os conceitos (estruturas abstratas), por exemplo, a ideia de certo e errado ou de justo e injusto.

A ausência de Ar no mapa gera figuras com dificuldade de fazer amizades, interagir com pessoas e situações diferentes; com resistência a ceder para agir em conjunto ou em parceria, de abdicar de suas vontades e necessidades individuais em prol da coletividade. Faz com que a pessoa tenha dificuldade de se adaptar e se modernizar. O indivíduo pode ser avesso a compartilhar e dividir com outros, a se submeter a vontades e regras do coletivo, de perceber ou agir de forma educada ou elegante.

O excesso de Ar no mapa: suas ações e intenções podem estar excessivamente voltadas para o futuro, para a modernização, de forma que isso o torna ansioso e inquieto, esperando sempre um resultado além do atual, visando e idealizando passos futuros muitas vezes inatingíveis. A figura pode ser excessivamente perfeccionista, procurando sempre aquelas ações e intenções perfeitas, e incrivelmente crítica a tudo que não atinge a perfeição que idealizou, assim é possível que ela viva um excesso de frustrações sobre suas ações e as dos outros, por nunca serem perfeitas. Pode ser excessivamente suscetível e preocupada com a opinião de outros, de forma a nunca ter uma opinião ou vontade própria, procurando sempre se adaptar aos demais. Pode ter dificuldade de agir ou assumir responsabilidades individuais, precisando sempre de companhia e auxílio.

A ÁGUA: representa sensibilidade, a capacidade de se permitir sentir e interagir com os próprios sentimentos, portanto, a possibilidade de identificá-los, compreendê-los e, assim, não se deixar ser dominado ou arrastado de forma inconsciente por eles. A água traz a possibilidade de se aprofundar na tentativa de entender o significado, o sentido e o valor das suas experiências no mundo, a fim de que elas não caiam no vazio. Possibilita avaliar as experiências tais como elas aparecem, sem sua vontade, objetificação ou idealização. Portanto, trata-se de uma profunda busca de si mesmo, do outro e do mundo, gerando um entendimento mais absoluto. A água capacita o indivíduo a antever não só o que sentirá, mas também aquilo que o outro sente e pode sentir, podendo intuir sensações que ainda não teve nem conhece diretamente. A água torna, como gosto de dizer, a pessoa especialista em *comunicação não verbal*, atenta a detalhes, gestos, expressões faciais e corporais e entonações, fazendo-a decifrar emoções e intenções escondidas, ocultas a outros. O indivíduo traz a empatia como função primordial, a necessidade não só de se salvar, mas sobretudo de se identificar com o outro e, assim, buscar cuidar e salvá-lo também, tal qual essa pessoa gostaria que o outro fizesse com ela.

Sua função fundamental é formar laços afetivos, de cuidado e carinho para com o outro, a fim de ajudar o indivíduo a preservar a si mesmo e toda a vida. Possibilita uma forte tomada de consciência de suas ações e das dos outros. Permite que a pessoa aja com delicadeza e cuidado, entendendo tanto a sua fragilidade quanto a do outro. Possibilita ao homem querer proteger, cuidar e salvar, e permite ao ser humano agir com empatia, evitando fazer aos demais algo que ele mesmo não gostaria de sofrer.

A ausência de Água no mapa pode gerar indivíduos muito insensíveis, incapazes de perceber o que sentem de fato, que podem acreditar não sentir nada, ou nunca avaliarem seus atos e sentimentos de forma consciente. Há uma forte ausência de fé e de apreço pelas outras vidas. Dificuldade de achar significado em suas experiências no mundo e, principalmente, uma ausência de empatia e delicadeza pelo outro, uma incapacidade de se colocar e entender o que outro sente.

O excesso de Água no mapa gera indivíduos imensamente sensíveis. Todos os eventos e as ações no mundo causam neles um impacto e um significado difíceis de conter e controlar, podendo se tornar muito melancólicos ou depressivos. Podem buscar em tudo um significado e se desprender de suas obrigações, convivências e vontades pessoais como se fossem pouco importantes. Podem tender a se isolar, como forma de evitar se machucar no mundo ou de entrar em contato com algo que os possa ferir sentimentalmente, evitando lugares, pessoas e situações. Podem ser, de maneira excessiva, apegados emocionalmente a lugares, pessoas e objetos, tornando-se supersticiosos. Podem se preocupar de modo desmedido com o outro, esquecendo-se de si, e serem incapazes de negar ajuda ou auxílio, ficando à mercê ou demasiadamente sujeitos às necessidades dos demais.

III – OS QUATRO ELEMENTOS E AS QUATRO FORMAS DE VER O MUNDO

Talvez seja realmente difícil de entender, mas há um conjunto variado de formas de se ver o mundo. Se temos nossa visão de mundo, muitas vezes pressupomos que o outro também enxerga e avalia o mundo segundo uma visão igual ou semelhante à nossa, mas isso não é verdade. Vou aproveitar, então, os elementos para fazer uma divisão sobre como entendo as diferentes visões.

Ao longo desses anos ministrando o curso de astrologia, e depois de ter estudado filosofia, fui percebendo a importância, bem como o desafio que é dar a palavra certa àquilo que pretendemos explicar; escolher com cuidado as palavras e delimitar com clareza suas diferenças, o que se quer dizer com cada uma delas. Muitas vezes, sem avaliá-las corretamente, achamos que diversas palavras são sinônimos, quando, na realidade, apresentam situações bem distintas. Por exemplo: o realista e o idealista muitas vezes são encarados como figuras "racionais", portanto, bastante semelhantes, mas na verdade estão muito afastados. O mesmo acontece com as palavras empírico e racional; um empirista tem um comportamento muito objetivo em relação ao mundo, que precisa ser testado e comprovado. Já uma figura lógica não precisa comprovar no mundo seus argumentos, eles se dão e se configuram dentro do mundo ideológico, e resolve problemas complexos. O criativo e o intuitivo também representam figuras distintas; e pensei muito nessas duas palavras para escolhê-las, mas até então me parece que elas representam corretamente o que queremos dizer ou distinguir. Em princípio, o intuitivo apanha um dado externo e o avalia de forma interna, e o criativo toma um dado interno e o manifesta no mundo externo.

FOGO: **CRIATIVO**
TERRA: **REALISTA**
AR: **IDEALISTA**
ÁGUA: **INTUITIVO**

IV – SOBRE O USO E A INTERPRETAÇÃO DOS ELEMENTOS

É sempre interessante fazer um cálculo dos elementos que o indivíduo possui dentro de seu mapa astral e, a partir deles, ter um diagnóstico prévio de facilidades, dificuldades, faltas e excessos que cada pessoa pode ter. Se consideramos uma escala de 20 pontos, levando em conta os 11 astros primordiais, teríamos o Sol, a Lua e o Ascendente valendo 3 pontos cada; Mercúrio, Vênus e Marte valendo 2 pontos cada; e Júpiter, Saturno, Urano, Netuno e Plutão valendo 1 ponto cada. Somando um total de 20 pontos, se dividirmos esse número por 4 (são quatro elementos), percebemos que um número ideal para cada um deles seria 5 pontos. Sempre que alguém tem 5 pontos em algum elemento tende a ter uma dinâmica muito equilibrada daquela tendência, uma dinâmica sem excesso ou sem faltas. A partir do momento que esse número aumenta ou diminui, percebemos um desequilíbrio; 3 pontos de um elemento já representam uma falta e 7 já configuram um excesso, mas não de forma grave ainda. Parece-me que 2 pontos dificultam muito a pessoa a se conectar com aquele elemento e 8 pontos representam um exagero. Passa a ser necessário fazer grande esforço para suprir ou controlar tendências.

ASTROS	PONTOS
Sol, Lua e Ascendente	3 cada
Mercúrio, Vênus e Marte	2 cada
Júpiter, Saturno, Urano, Netuno e Plutão	1 cada

Mas podemos tentar a mesma tabela de forma mais aprimorada, em que o total já pode ser visto em porcentagem (100%), como nesta tabela aqui:

ASTROS	PONTOS
Sol	17
Lua e Ascendente	15 cada
Mercúrio, Vênus ou Marte	9 cada
Júpiter ou Saturno	7 cada
Urano, Netuno ou Plutão	4 cada

PARTE II – SIGNOS

I – SOBRE O SIMBOLISMO DOS 12 SIGNOS

Entender os elementos é fundamental, sendo possível aprender e tirar muito proveito de sua interpretação, mas é como um diagnóstico geral, pouco detalhado. É necessário se aprofundar, em vez de apenas conhecer os quatro elementos; é preciso saber qual dos três signos daquele elemento está ali, para poder avaliar com maior precisão a tendência que o elemento revela.

Vamos agora tentar explicar alguns simbolismos ligados aos signos do zodíaco, interpretar seu simbolismo original, tentando contextualizá-lo. O que ocorre é que a origem desses símbolos é remota. Eles foram de fato muito bem elaborados, não parece ser ter sido obra do acaso, e tal como podemos averiguar por referências, claramente é um processo que se deu e efetivou ao longo de décadas e séculos até chegar a esse formato que conhecemos. Portanto, trata-se de um processo bem elaborado que passou pelo crivo da história, ou seja, da eficiência. O que pretendemos fazer aqui é um método mais complexo e elaborado, não muito usado na astrologia (não sei o porquê), que atende à complexidade do que estudamos. Vamos usar a hermenêutica, palavra complicada, mas fácil de explicar. Ela consiste não só em interpretar um texto ou uma imagem simplesmente, segundo seus próprios parâmetros, mas também interpretá-los sob o ponto de vista daqueles que os criaram, contextualizando o que aquilo representava naquele momento e situação. Isto tem grande impacto, como veremos a seguir, e ajuda nós mesmos a compreender melhor o que esses signos pretendem simbolizar. Esses símbolos têm uma relação direta com o momento e o lugar em que foram criados, seriam outros símbolos se uma outra cultura em um lugar ou momento diferentes os tivessem desenvolvidos. Assim, como dissemos anteriormente, podemos e devemos muitas vezes propor novos simbolismos, capazes de facilitar o acesso e a interpretação do que aquele signo realmente deve ou pode significar a nós.

I.I – OS TRÊS SIGNOS DO FOGO

É importante notar que esses signos são representados por animais de índole mais selvagem e agressiva, com uma tendência mais bélica e explosiva, e isso não é por acaso. Há uma vontade de lutar por território, de conquistar e vencer ou se impor sobre o outro. O que os difere são, em geral, as maneiras ou formas que esses signos dão vazão a essa competição, luta ou conquista.

O signo de Áries: simbolizado adequadamente por um carneiro (para quem não sabe, o "marido" da ovelha), é um bom exemplo daqueles símbolos que comentamos em que é necessária uma vivência, ou um conjunto de experiências, para com o animal de fato a fim de que se perceba seu significado. Bom, os carneiros não são necessariamente agressivos ao primeiro olhar, a questão é que só os mais fortes entre eles acasalam com as fêmeas e comandam o grupo. Por isso, em determinado período, os machos entram em um tipo de "campeonato" para provar quem é o mais forte, o qual consiste em dar violentas cabeçadas uns nos outros, sem dó nem piedade, visando empurrar o outro, derrubá-lo ou fazê-lo se assumir como vencido. Os carneiros têm crânios fortíssimos e o choque de um com o outro pode causar grandes estrondos. Não há como impedi-los ou dissuadi-los de entrarem nesses embates, é algo absolutamente natural para o qual os filhotes treinam desde pequenos. É muito claro, na lógica hierárquica desses animais, que o mais forte e resistente é quem manda no pedaço e pode acasalar. E cada um deles fará o seu melhor entrando em longas disputas, nas quais não se pretende ceder em espaço ou território para seu adversário, mesmo que ele seja um dos seus irmãos. Dizem também que não se deve acariciar um carneiro na cabeça, pois muitas vezes ele toma isso como um tipo de desafio, e não interessa seu tamanho, esses destemidos animais, se forem o macho dominante do pedaço, vão enfrentar você invariavelmente.

Esse comportamento nos diz bastante sobre os arianos, em geral muito competitivos e predispostos a entrar em diferentes disputas. Na verdade, quando Áries é forte no mapa de uma pessoa, tudo para ela é encarado como um tipo de competição pelo melhor; mesmo quando ela não encontra um adversário direto, pode competir com figuras idealizadas ou consigo mesma por um melhor resultado. A ação agressiva de Áries pode ser desencadeada com facilidade quando o indivíduo com esse signo se sente desafiado ou acuado em território por outro. É um signo audacioso e que não perde tempo, prefere partir rapidamente para a ação e resolver seu problema de uma vez. Todo ariano odeia a ideia de ficar para trás, de ser vencido ou impedido de se mover. Se uma pessoa tentar segurar a cabeça de um carneiro, este vai se prontificar a empurrá-la com toda sua força, mesmo que não tivesse esse desejo antes. Da mesma forma ocorre com o ariano: quando recebe um não se sente desafiado e pode querer agir, simplesmente, para provar que o pode fazer ou que manda no espaço.

É importante lembrar que essa disputa cabeça a cabeça é individual, não existe a possibilidade de um carneiro ajudar o outro na disputa. Na verdade, muitas vezes uma tentativa de ajudá-lo pode ser encarada como uma ofensa, como se ele não fosse capaz sozinho, o que é na concepção dele, obviamente, o mesmo ou pior que perder. De qualquer forma, nesse tipo de disputa, no final só pode haver um carneiro, e é essa sua sina também, garante certo isolamento que pode prosseguir a tantas disputas.

Áries poderia ser simbolizado, de maneira moderna, por um tipo de atleta, sempre em disputa, sempre querendo ser o primeiro, e tentando se superar e superar outros constantemente. Mas precisamos lembrar que essa disputa, muitas vezes, não é física como expressa aqui, pode ser ideológica ou na fala, no amor e na conquista, dentro do trabalho ou do campo profissional; pode ser uma disputa sobre quem ganha mais dinheiro ou sobre quem é promovido, ou mesmo um tipo de disputa dentro da sexualidade.

"Eu sou a ousadia, sou ação e sou movimento. Encaro todos os meus desafios; entre todos os outros, eu sou, e serei, o primeiro." (Áries)

O signo de Leão: bem simbolizado pelo leão, por motivos diversos, em primeiro lugar e mais óbvio, ele é o maioral do pedaço; é o animal com o qual todos os outros vão evitar entrar em disputa, quando ele chega toma conta do espaço. É um animal excepcionalmente belo, encantador, na mesma proporção que aterrorizante. A ideia da juba dourada fez com que muitos reis se apropriassem dele como um tipo de representante da realeza, pela "coroa" colocada em torno de seu rosto, ou pela aparência solar que ele apresenta ali. Não obstante, na astrologia o regente de leão é o próprio Sol. Não é difícil aproximar os dois simbolicamente, e os simbolismos se amarram uns ao outros dando força a ele. O leão é maioral do pedaço, o Sol, astro em torno do qual os outros orbitam, a coroa e o rei. Na verdade, é bem comum que leoninos ou leoninas se identifiquem diretamente com essa representação, o rei ou a rainha, aquela figura que é principal, a qual todas as outras reverenciam e atendem aos desejos prontamente. Essas pessoas odeiam a ideia de não serem a figura principal de maior reconhecimento ou patente, ou mesmo a ideia de ter de se submeter a qualquer indivíduo em longo prazo. A concepção de autoridade e comando passa fortemente pela cabeça da maioria das pessoas desse signo. Assumem e aceitam esse papel de autoridade com uma pronta facilidade, na mesma medida que muitos outros signos recuam. A mesma ideia se passa por meio da palavra "autoria",[5] pois tem imenso orgulho de apresentar aquilo que criaram, a fim de ganhar o reconhecimento por sua própria criação. Na verdade, toda a ideia de atenção é muito importante e está sempre em jogo.

É preciso fazer uma ressalva importante: o leão em geral não é um signo de briga, sua aparência é intimidadora, mas isso é normalmente um truque. Ele não costuma ser um signo bélico (assim como os regidos por Marte costumam ser), o leão é um signo de festa, de encanto. Toda a aparência ameaçadora, muitas vezes, é para impor seu poder sem ter de partir para nenhum desafio ou embate direto. Como ficou bem registrado em um conto moderno, o lema da família que usa o leão como símbolo é: "Escute meu rugido". O rugido é amplamente intimidador, assim como a juba existe ali para impor poder, parecer maior do que realmente é, para dissuadir qualquer adversário. Com certeza, o leão é muito habilidoso nesse ponto, sabe absolutamente impor poder como

---
5. Na verdade, o que está em jogo, tanto na palavra "autoridade" como na palavra "autoria", é o termo "auto" como algo que vem de mim mesmo para o outro, algo que é próprio daquele indivíduo.

ninguém e se colocar em uma posição na qual não será ameaçado. Toda essa imposição muitas vezes esconde uma fragilidade e insegurança que vários deles não querem admitir ou demonstrar, insegurança que cobra seu preço particular a eles. A proximidade com o signo de Câncer me faz entender que leão é um signo muito delicado, que se fere e se afeta com muita facilidade.[6]

Mas não se engane, o signo de Leão, assim como o animal, é perigoso, e está ali também representando uma figura com a qual se deva ter cuidado. O leão é de fato um predador, e as ações de leão muitas vezes são predatórias, só que em níveis diferentes. É, com certeza, um tipo de caçador ou conquistador no campo amoroso, e isso costuma fazer parte da sua natureza e charme. Sabe muito bem escolher suas presas e, aos olhos de Leão, a maioria das pessoas pode ser considerada uma presa. Mesmo que o leão evite embates diretos, ele não perdoa uma presa fácil ou vulnerável, se isso lhe garantir ganhos que muitas vezes ele acredita ter o direito. Outra característica importante e muito distinta de Áries é que Leão não é, nem de longe, um signo solitário, é incrivelmente sociável e articulado nesse sentido. O animal apresenta um complexo jogo de hierarquia e poder em seus bandos, e o leão, com certeza, sabe jogar esse jogo da sociedade e da hierarquia. Consegue identificar figuras de comando e poder, e sabe bem com quem se associar e com quem não se associar, se isso lhe for interessante.

Mas, com sinceridade, acho que os ambientes propícios de Leão são o palco e o teatro. Estes seriam grandes representantes simbólicos desse signo, Leão é incrivelmente teatral e sabe encantar, seduzir e gerar um espetáculo como absolutamente nenhum outro signo o sabe ou consegue fazer. E quando digo espetáculo, nem sempre é a peça em si, ou o show, mas é o cenário, o figurino, as luzes, a apresentação, o drama, a emoção. Esse é, sem dúvida, o ambiente do Leão e ele pode retirar dali de forma positiva absolutamente tudo que quer e deseja. O tema "teatro" como símbolo pode ser aplicado a um conjunto infinito de ações: arquitetura, direito, música, política, religião.

---

6. Não gosto de separar os signos completamente. Esta divisão entre um e outro não é clara ou óbvia, como se em um dia fosse de um jeito e no outro fosse completamente diferente. A proximidade dos signos me diz que há características semelhantes, assim como a distância entre eles revela sua profunda diferença.

"Eu sou o Sol, o brilho e o encanto, sou a realeza, o poder e a autoridade, em mim, o mundo acha o espetáculo." (Leão)

O signo de Sagitário: apresenta um desses simbolismos conjugados, mais complexos. Muitas vezes traduzido como o centauro grego, com muitas conotações próprias, não tenho certeza se os sumérios, ao desenvolverem a astrologia, pensavam nos centauros tal como os gregos os viam, mas, mesmo assim, é importante lembrar que os gregos os encaravam como criaturas bem selvagens e agressivas em sua essência. De qualquer forma, ele sempre apareceu como um tipo de arqueiro híbrido, misto com o cavalo. Esse ser, metade cavalo metade homem, pode ser avaliado como aparece a nós, em duas partes.

O cavalo é um ótimo símbolo para Sagitário, porque ele representa, naquele período, a capacidade máxima de um homem transpor sozinho a maior quantidade de espaços e limites. A domesticação dos cavalos possibilitou ao homem um ritmo, uma velocidade e uma liberdade que antes só puderam ser sonhados, liberdade esta que encanta qualquer sagitariano, cujo maior medo é se prender a um único local ou situação, e o maior anseio é romper os limites do horizonte. A possibilidade de se lançar, sozinho, montado em um cavalo, com vento no cabelo, rompendo limites, conhecendo novas terras, pessoas e culturas, e sem se prender nem ter de se haver com responsabilidades mundanas, tornar-se um grande aventureiro de terras estrangeiras, desconhecidas, ir aonde outros ainda não foram, conhecer o que outros não conhecem, tudo isso traduz o princípio fundamental desse signo. O cavalo representa essa liberdade, essa forma dinâmica e liberta de interagir com o mundo.

Temos de lembrar que esse animal não é exatamente dócil e gentil, como pode parecer muitas vezes, mas é uma criatura propícia a se adestrar. Talvez por isso o cavalo sozinho nunca represente Sagitário, porque essas pessoas são, por vezes, as menos dispostas a qualquer tipo de "adestramento". O cavalo foi, em razão de sua força, velocidade e agilidade, uma das "armas" de guerra mais eficientes da história humana, desde seu primeiro adestramento até quase meados do século XX, capazes de mudar o rumo de muitas batalhas. Sim, há um componente selvagem e agressivo também nesse signo como nos outros de Fogo.

Não tente prender ou limitar, nem dizer o que um sagitariano deve ou pode fazer. Assim como um cavalo furioso, ele vai simplesmente pular a cerca ou passar violentamente por cima de você e ganhar sua liberdade, sem se importar com nada que deixa para trás. É essa sua tendência. Nada afeta mais Sagitário do que limites, logo que lhe são colocados ou ele percebe um, rapidamente se põe a rompê-los com uma índole competitiva própria do fogo. São amplamente destemidos e incansáveis nesse ponto. Onde houver um limite, físico, ideológico ou intelectual, provavelmente você verá Sagitário arriscando tudo para rompê-lo. Certa vez, eu me indaguei que para ser um astronauta era necessário ter uma dose razoável de Sagitário no mapa, e me peguei investigando o tema e descobrindo que sim, era verdade, astronautas costumavam ter certa dose de Sagitário. Esse signo, essa posição do zodíaco, corresponde a uma das de maior coragem, sagitarianos são as pessoas mais destemidas de todas, estão dispostas a arriscar muito e se prendem muito pouco.

O arqueiro junto ao cavalo, fundido nele, revela uma natureza humana. Quando aparece a figura humana há um componente da razão posto à índole do signo, significa que o cavalo tem direção e intenção, isto é, visa a algo. É dito com frequência que Sagitário se envolve com filosofia e assuntos de profundidade, mas não vejo esse fato como recorrente. A parte humana nessa figura não carrega um livro, pergaminho, cetro ou nada assim. Carrega um arco e uma flecha, isso tende a revelar uma índole realmente bélica e agressiva, mas, para além disso, alguém que tem um objetivo, que aponta sua flecha para o alvo que deseja, e se move com muita agilidade e velocidade.

Sagitário pode ser visto como o grande explorador, um intrépido e aventureiro, disposto a se arriscar e deixar tudo para trás para romper os limites do impossível e insondável. Ato que demanda uma índole disposta a passar por desafios, provações e fortes privações por longos períodos, bem como arriscar tudo. Sagitário é o signo que rompe limites, a questão é "quais limites ele quer romper", exatamente onde ele deposita essa forte energia e coragem. Se for no conhecimento é um sucesso, se for no horizonte, um limite físico é louvável, mas se for nos limites impostos pela sociedade, é um perigo ou desastre.

"Eu sou a liberdade, aquele que ultrapassa limites, lanço o meu destino para onde eu quero, corro ao sabor do vento." (Sagitário)

I.II – OS TRÊS SIGNOS DE TERRA

É muito pertinente perceber que todos os signos de Terra são, necessariamente, ligados à agricultura, e isso tem um valor primordial para o período em que a astrologia foi estabelecida, que é exatamente o momento e o lugar em que a humanidade desenvolve a agricultura de forma sistematizada. Um momento capaz de gerar e garantir o alimento para todos, assim como possibilitar às comunidades que crescessem suas populações e, ainda assim, produzissem um excedente. É quando se torna possível negociar com outros, e ter pessoas destinadas a atividades que não são só as básicas da sobrevivência. Os sumérios levavam a agricultura muito a sério, e grande parte dos avanços dela está diretamente ligada aos avanços na interpretação e na quantificação do tempo. É preciso entender que eles conectaram especificamente esses signos a algo tão fundamental para si. Isso significa que viam neles grande capacidade e valor produtivo indispensável para o sustento da vida naquele momento; capazes de gerar ou se debruçar sobre algumas das atividades mais fundamentais para sua sociedade. O que isso quer dizer hoje? Significa que todos com signos de Terra são ligados a terra e à agricultura? Com certeza não, essa era a realidade daquele momento. O que sustenta nossa sociedade, hoje, são ações mais complexas e diferenciadas, mas é possível supor que esses signos se envolvem diretamente em tudo o que é absolutamente indispensável e fundamental para a sustentação de uma sociedade: seja a construção de estradas, a produção, a administração e a logística de recursos, seja o fornecimento e a manutenção de água e combustível, e assim por diante.

O signo de Touro: apresenta forte simbolismo, e, dentre tudo que podemos destacar, primeiramente podemos lembrar que é o mais corpulento de todos os animais simbolizados no zodíaco, o maior deles, a maior representação material. E, de fato, Touro é um signo muito ligado a tudo que é material, tudo para Touro tem de se dar e se realizar no mundo, nada deve ser hipotético ou intangível, há um profundo senso de realidade, no aqui e agora. Não só uma visão realista do mundo, mas também uma apropriação realista dele. Se o mundo se apresenta em termos de fatos e hipóteses, como costumo defender; se a partir dos fatos criamos hipóteses para entender o mundo, parece muitas vezes que para Touro suas hipóteses são também para ele fatos, tudo precisa ser concreto, absoluto e imutável. Não há espaço nem tempo para a incerteza nem para o hipotético dentro desse universo do concreto. Esse mecanismo torna Touro potente e convicto de sua jornada no mundo, mas também o impede de perceber alguns de seus erros e, consequentemente, a possibilidade de retroceder.

É importante, em primeiro lugar, pensar Touro a partir da visão desse povo agricultor para entender o que o touro representava para ele, e é preciso compreender que demora muito tempo para se ter um touro, são necessários anos de cuidado e alimentação até que o bezerro, por fim, torne-se o touro. De fato, para que atinja seu peso máximo, demoram pelo menos cinco anos, mas quando acontece, esse animal é capaz de alimentar toda uma vila. Da perspectiva do agricultor, é um imenso reservatório de recursos, uma garantia para tempos difíceis, sinônimo de fartura e abundância. O signo de Touro precisa ser associado a estas palavras: fartura e abundância. É um signo que não lida bem com a ideia da falta. Na verdade, seu maior medo é a falta, Touro se move muito em função de que nada que lhe é precioso e prazeroso nunca falte nem acabe. Um tipo de movimento paciente e muito bem estruturado que visa não se arriscar, ganhar sempre um pouco mais e nunca ceder, nunca abrir mão de algo que gosta por algo que não conhece. Isso responde ao excesso de zelo, ao ciúme e algumas vezes à dificuldade de compartilhar, de dividir. Tudo isso cobra um preço em longo prazo, mas Touro é firme em seu caminho. É preciso lembrar também da palavra paciência, a capacidade de esperar, de se dedicar longamente a um objetivo até que ele atinja sua maturidade, e todo o cuidado e dedicação que isso implica, que são características próprias a taurinos e taurinas.

Outro componente difícil de entender para quem não tem proximidade com esses animais é sua elegância, bem como sua "vaidade". São animais muito orgulhosos, altivos, tanto os touros quanto as vacas, se alguém em algum momento os utilizou de forma pejorativa e isso se prontificou realmente, não fez jus a esses animais, à sua força e confiança. Se muitos não confiam na minha palavra, eu vou afirmar que esse animal foi usado em diversas ocasiões ao longo da história como um grande símbolo de fertilidade, sensualidade e sexualidade, desde Hator, deusa egípcia dos prazeres, até o próprio mito da criação do Minotauro pelos cretenses. Mas é fácil perceber; se alguém diz: "fulano é um touro", isso tem uma conotação muito clara que lhe dá valores corporais, físicos e de energia fora do comum, apreciáveis. Sim, Touro é um signo de imensa sensualidade e muito ligado a todos os prazeres, principalmente os sexuais.

Do ponto de vista do feminino, devemos lembrar que a vaca é amplamente sagrada para os indianos, de fato, ela é imensamente preciosa para quase todas as culturas que se aproximaram dela, o leite que ela fornece é uma fonte absolutamente fundamental de alimento e vida, capaz de sustentar uma família. A vaca foi e é, por si só, um grande sinal de riqueza, e não é distante o tempo em que a riqueza de uma família poderia ser medida pela quantidade de vacas que possuía, porque representa uma imensa segurança material, de recursos e provisões que os sumérios sabiam muito bem avaliar e simbolizar. O touro representa pessoas capazes de exercer uma função semelhante, sustentar, prover, nutrir, gerar fartura e estabilidade.

É preciso fazer uma última avaliação sobre esse animal: é sobre a maioria dos aspectos uma figura pacata, tranquila, que passa absolutamente todas as horas de seu dia comendo tranquilamente sem pressa, ou acasalando tal como é propício a ele. No entanto, se você interferir no seu caminho ou insistir em provocá-lo, o touro é a força mais destruidora de todos os animais presentes no zodíaco. O touro provocado é uma fúria, uma força em movimento que não pode ser parada e você, com certeza, não vai querer estar na frente dele, e isso, sem dúvida, deve ter sido levado em consideração quando o escolheram como símbolo.

"Eu sou a fartura e a exuberância.

Sou a força, que nunca cede, que nunca recua, cujo fim é o prazer e a tranquilidade." (Touro)

O signo de Virgem: mostra-nos um dos símbolos talvez mais mal interpretados, pois a palavra "virgem" dificulta nosso entendimento moderno e distancia da interpretação da imagem. Podemos começar de forma incomum, pela palavra. Sua origem denota o sentido de puro, inato, que não foi usado ou corrompido e, portanto, franco e sincero, se associado à ideia de opinião. São de fato características que podem ser aplicadas, em certa medida, à virgem e vamos voltar a elas, mas vou seguir como de costume com a imagem. Quando olhamos para ela, deparamo-nos com essa jovem com asas segurando em suas mãos e à frente de si um ramo de trigo. Esse ponto, "o ramo de trigo", passa despercebido, mas vou lembrar a importância desse detalhe. Em sua origem, esse signo não era conhecido como "virgo", mas, sim, como "espiga", revelando o grande significado desse elemento na imagem que conhecemos. A espiga, assim como a jovem que se prontifica frente ao campo, representa, no meu entendimento, *a plantação*, e acredito que podemos interpretar a partir daí.

A plantação poderia ser o símbolo máximo desse povo que desenvolve a astrologia, no período em que a humanidade sistematiza a agricultura, e é exatamente isso que permite todo o desenvolvimento civilizatório. Entendo que o signo de Virgem faz a síntese perfeita de toda a dinâmica da plantação, ou seja: plantar significa em um primeiro momento um estudo, um entendimento da natureza, de como e por que ela se dá, como funciona. Observar e entender o mundo natural, em termos de medida, proporção e "mecânica", é um dos fundamentos principais de Virgem. Uma mente analítica, empírica, que analisa e testa de forma a compreender o funcionamento. Quando se percebe que se guardar as sementes e as enterrar na terra, elas vão germinar, crescer e dar frutos,[7] isso permite manobrar a natureza, potencializá-la ou instrumentalizá-la a seu favor. Mas, mesmo assim, ainda é preciso entender em qual terra exatamente inserir a semente, a qual profundidade, quando e quanto regar e em qual momento plantar, quanto tempo esperar, e assim por diante. Isso revela algumas das características fundamentais de Virgem: observar, medir, mensurar, analisar, listar, planejar, e assim por diante. Tudo isso com o objetivo de entender e tornar eficiente; tornar útil ao homem. É um signo que gosta e precisa de se sentir útil, seu sentido de

---

7. Mesmo que isso pareça absolutamente óbvio hoje, nos primórdios da civilização era um desvendar incrível dos segredos da natureza quando simbolizaram esse signo.

importância provém da sua capacidade de servir e ajudar verdadeiramente. Por isso, também está muito ligado à ideia de humildade.

Poderíamos presumir que Virgem é por excelência um signo muito ligado à ciência, capaz de observar, analisar, quantificar e experimentar, a fim de entender as diferentes mecânicas do mundo natural. Se isso naquele momento foi associado à agricultura, provavelmente não é toda nossa realidade hoje. Podemos estar falando de física e química, matemática, estudo da resistência dos materiais, ou do átomo e assim por diante. A realidade hoje é outra, mas a essência é a mesma. Essa razão curiosa e ciente de si mesma que se volta à natureza corresponde à forma humana (a jovem) que se apresenta junto ao símbolo da espiga, reforçando a característica racional do signo. Vamos explicar mais tarde que sempre que a forma humana aparece em um signo, ela tenta denotar uma forte característica racional e consciente de suas ações e determinações.

No entanto, é preciso analisar a plantação sobre outra perspectiva, que não só seu descobrimento e desenvolvimento, mas também a partir de que estrutura ela representa. Vamos usar a ideia da matéria, todos os signos de Terra estão associados a uma forte consciência e valor do mundo material. Se em Touro essa dinâmica representa o acúmulo da matéria, a fartura e o excesso para que o que lhe é indispensável nunca falte, em Virgem essa dinâmica com o mundo material é outra. A plantação permite à humanidade um planejamento material, uma capacidade de avaliar não apenas a matéria, mas também o tempo; entender que um fruto pode ser colhido em uma estação e o outro na próxima, de forma que, ao diversificar e plantar nos momentos corretos, você irá colher os frutos certos nos instantes propícios. Não é preciso acumular nenhum deles, tudo consiste em se planejar e quantificar corretamente para que nada falte e, também, para que nada se perca. Virgem é o signo da simplicidade, odeia excessos e exageros, mas principalmente o desperdício de matéria e de tempo. A ideia de um recurso, nesse caso um alimento, que, por conta do exagero de acúmulo, estraga, é desperdiçado e jogado fora, é um pânico para esse signo, é a representação máxima da falta de razão aplicada à matéria, da falta de planejamento ou quantificação correta. Virgem é exatamente o signo que vai avaliar quantas pessoas a comunidade tem, quanto cada uma come por dia, pegar os recursos existentes e possíveis de se conseguir e fazer contas, quantificar e avaliar como estruturar e distribuir esses recursos da forma que atinjam seu objetivo e eficiência máxima.

Imagine quão importante uma pessoa que consegue se voltar para questões como essas é para o desenvolvimento, sustento e estruturação de uma comunidade; e entenda assim porque algo também relevante para esse povo – a plantação e a espiga – foi creditado a esse signo. Eles entendiam muito claramente o valor e a diferença que esse signo podia fazer no mundo.

"Eu represento a pureza e a produtividade. Através de mim, o homem encontra a medida da natureza, sabe a proporção e o tempo certo de tudo." (Virgem)

O signo de Capricórnio: costuma ser também bem mal interpretado como símbolo, é muito comum, na verdade, tentar resumi-lo e simplificá-lo demais, de forma a perder sua estrutura fundamental. Vamos relembrar, então, o básico: o símbolo denota um bode (para quem tem dúvida, o marido da cabra) com um rabo de peixe. Um simbolismo composto, mas estruturado principalmente pelo bode, sendo um excelente ponto de partida. Por que os sumérios, os povos da Mesopotâmia simbolizaram esse signo com uma "cabra"? Com certeza, um animal que conheciam bem na região, que lhes foi, era e é de grande importância. A resposta pode vir de outra pergunta: por que alguém decide criar cabras? Por que decide não criar vacas, ou plantar? A resposta não está geralmente ligada à sua vontade individual, ao seu querer, mas, sim, a determinações da natureza de tempo e espaço em que a pessoa percebe que a solução viável é a "cabra". Curiosamente, toda essa estrutura de decisão prática, realista, estratégica é de fato um fundamento muito forte do próprio Capricórnio. A resposta à pergunta inicial está ligada ao tipo de terreno e clima que você possui; se o terreno é "horrível", ou seja, quando o que você dispõe nas suas mãos como estrutura é pobre, quando você tem pouco terreno, ou um muito montanhoso, cheio de pedras e areia, árido ou com pouquíssima vegetação. Em um terreno que não é nem pode ser devidamente irrigado, que recebe poucas chuvas ou é íngreme demais para se plantar ou incapaz de sustentar animais de maior porte, pois demanda mais atenção e abundância (como os touros)[8] a resposta certa é simples: criar cabras. Mas por quê? Porque cabras resistem a quase tudo, comem quase de tudo – na falta de vegetação apropriada, muitas vezes, são vistas comendo até latas na tentativa de tirar qualquer nutriente dali. São absurdamente resistentes, não se incomodam ou são afetadas com terrenos montanhosos ou pedregosos, e se adaptam com imensa velocidade.

Com certeza, tais características não passaram despercebidas a esse povo agricultor ao simbolizar as pessoas que manifestavam esse signo. A cabra representa a capacidade material de se adaptar, de sobreviver a dificuldades, de retirar o máximo de proveito do mínimo de recursos possíveis, simboliza a eficiência. Capricórnio deve ser associado a estas palavras: resistência e eficiência. São pessoas absurdamente dedicadas e focadas, excepcionalmente capazes e dispostas a enfrentar desafios para chegar a um objetivo, muito determinadas a serem eficientes e provarem isso ao mundo. Por isso, muitas vezes são erroneamente julgadas de forma simples como ambiciosas, excessivamente trabalhadoras ou focadas no trabalho. Também como avarentas ou mesquinhas, ou seja, indispostas a gastar recursos sem necessidade, e assim por diante. A verdade é que Capricórnio acredita ser importante passar por privações para estar preparado para elas, e entende que é necessário mostrar seu valor a partir de sua eficiência no mundo. Gosta de desafios, por isso precisa ser desafiado, ou desafiar-se a passar por situações complexas que demandem dele respostas para chegar a um resultado. Capricórnio está sempre tentando se provar, ultrapassar uma adversidade, não interessa quantas tenha superado até então, nem o fato de, por acaso, não haver ali uma adversidade presente naquele momento.

O rabo de peixe tende a conferir uma forte qualidade intuitiva. De alguma forma mágica a esse signo, o peixe pode ser um representante da capacidade de achar o significado e o valor verdadeiro das coisas, o real sentido da matéria, do tempo, dos recursos, das amizades e da família. Tende a ser um signo disposto a assumir responsabilidades, a prover para si e outros aquilo que lhes é mais importante e significa-

---

8. No mesmo espaço ou com a mesma quantidade de recursos necessária para criar uma vaca, é possível criar pelo menos oito cabras.

tivo, mesmo sem expressar isso claramente ou mesmo que os outros não entendam que isso tem importância real. Costuma preservar as tradições e a família, seguindo e dando continuidade a elas e à vida, custe o que custar.

Claramente um signo associado à sabedoria prática, os sumérios entenderam que essas pessoas eram capazes de lidar com crises e dificuldades, e conseguiam achar respostas que poderiam fazer perdurar a vida em momentos muito críticos; eram capazes de manter a ordem e a estrutura a duras custas, ainda que precisassem ser excessivamente frias. Eram indivíduos incrivelmente dispostos a assumir a responsabilidade e a manter ou erguer todo um povo ou cultura, se necessário. Queriam fazer a escolha certa, isto é, aquela de maior eficiência se opondo a seu querer individual.

"Eu sou a perseverança, conheço a provação e a privação e resisto, supero todas as adversidades." (Capricórnio)

I.III – OS TRÊS SIGNOS DE AR

O ar é um caso especial se olhamos seus três signos da perspectiva das figuras. Como em geral dizemos zodíaco e o "zoo" no início da palavra pressupõe que devam aparecer ali animais, a tradução corresponde a "círculo de animais", no entanto, não há nenhum animal, nem menção a nenhum, quando falamos dos signos do ar. Como de costume, insisto em perguntar aos meus alunos: por quê? Acho importante gerar dúvidas e, com certeza, esse não é um fato que deve passar despercebido ou sem significado. Vamos pelas hipóteses anteriores; os signos de fogo estavam representados por animais mais bestiais, de índole mais violenta ou selvagem. Os signos de Terra foram representados por animais ou elementos ligados à agricultura, à produção e ao sustento, à estabilidade. O Ar, por sua vez, não representa nada disso, ele simboliza o avanço da civilização, a capacidade dos seres humanos de se associarem e de cooperarem uns com os outros. Revela sua tendência de se organizarem em estruturas políticas, que tomam decisões ou se submetem a elas de forma conjunta, aceitando as regras culturais para um verdadeiro processo de convivência em sociedade. O Ar tem uma forte relação com negociar, ceder e aceitar para progredir. As figuras humanas ali mostram uma forte capacidade de agir de maneira racional, ou seja, negando seus impulsos e tentando achar a escolha ideal ou o comportamento ideal para todos os homens, comportamento esse que por ser ideal, todos deveriam seguir para que o mundo progrida cooperando. A habilidade de idealizar, buscar a forma perfeita, ideal, traz a capacidade de modernizar, de se atualizar, de criar estruturas, sejam elas físicas ou de organização nunca pensadas antes.

O signo de Gêmeos: apresenta uma novidade, não um simbolismo composto como Sagitário ou Capricórnio, mas um simbolismo duplo, dobrado. Essa característica vai reaparecer em Peixes e não deve passar despercebida. Bom, se a forma humana na astrologia expressa a capacidade racional de se privar de seus instintos e visar ao ideal, o "duplo humano" representa também uma dupla capacidade racional. Uma mente com um forte potencial, tanto de se privar de seus instintos quanto de entender o mundo e se adaptar a ele. Um indivíduo mentalmente bem dinâmico e ativo, muitas vezes **excessivamente ativo**, com dificuldade de parar seus próprios pensamentos. Também representa essa forte ansiedade de se adaptar, de estar conectado e atualizado, de saber tudo o que acontece, de não ficar por fora de nada que a sociedade e a modernidade apresentam a ele. Esse potencial dobrado, ali representado, expressa também pessoas que não param, que são muito "ligadas", "elétricas", que querem tanto saber e se comunicar bastante.

O signo de Gêmeos é normalmente expresso não com dois adultos formados, mas geralmente duas crianças ou jovens. De fato, é um signo com uma tendência muito jovial, em grande parte por conta da sua grande energia e disposição para o novo. Por estar sempre em contato com o que existe de mais moderno, rapidamente se adapta a novas tecnologias, comportamentos, falas, e assim por diante, parecendo sempre capaz de dialogar com qualquer pessoa, independentemente da idade.[9] Em outra medida, as crianças expressas ali parecem alimentar um dos fatores mais definitivos de Gêmeos: sua enorme curiosidade, vontade de conhecer tudo ao seu redor, tal como as crianças costumam ser, porque

---

9. Essa característica é muito útil não só para se atualizar em questão de tempo ou modernidade, mas também pela possibilidade de se adaptar a outros lugares, línguas e culturas, e poder entender, absorver e reproduzir seus padrões.

o mundo é em grande parte uma novidade para os geminianos. É um longo processo no qual a criança aos poucos descobre a palavra correta que designa cada elemento diferente dele, e Gêmeos é uma excelente expressão dessa curiosidade, dessa vontade de conhecer. A palavra se torna o espaço onde se pode conhecer, bem como expressar o mundo, e é de fato uma ferramenta propícia a Gêmeos. As palavras certas abrem as portas corretas, e é possível brincar e fazer diversos jogos de palavras, desafios, enigmas, e o mundo muitas vezes parece um tipo de jogo a essa mente curiosa e disposta.

O conhecimento é uma forte arma, e Gêmeos sabe muito bem disso. Ele está sempre por dentro de tudo, e se não está, quer estar, muitas vezes independentemente do tema ou das suas possíveis vontades individuais, o que lhe move é muito mais a curiosidade sobre o novo, o atual. Foi comum no passado associar esse signo às pequenas viagens[10] e ao comércio, e isso, com certeza, é verdade. Também acho possível explicar Gêmeos a partir daí. Entenda esse universo agrícola em que a astrologia se formou e há um excedente de diversas plantações. Gêmeos é exatamente a pessoa informada, ele sabe bem (ou é capaz de saber) quem gerou excedente do quê. Ou seja, onde há excesso de alimentos como o trigo e a cevada, e claro, onde esses alimentos estão em falta. Gêmeos é a pessoa exata para fazer a conexão entre esses diferentes lugares e pessoas; tem facilidade em pegar o excedente do lugar A e ofertar ao lugar B, e o excedente do lugar B e levar ao lugar A, é claro que tudo isso a um custo, uma parte desses dois excedentes.

Gêmeos tem a capacidade de conectar dois ou mais espaços distintos, de levar algo de um para o outro, por isso naquele momento devia ser bem associado a essas pequenas viagens e comércio. Assim como provavelmente tem uma facilidade e uma forte disposição para saber novas línguas e dialetos, algo propício aos seus interesses. Enten-

---

10. Sagitário foi muito associado a grandes viagens ao desconhecido, aos limites e às fronteiras; Gêmeos, por sua vez, está mais interessado no que acontece no mundo. O que lhe atrai é de fato uma questão humana, novos centros de conhecimento, especiarias vindas de outros lugares, inovações provavelmente o fizeram muitas vezes buscar e transitar por novas cidades, além de culturas próximas. No meu entendimento, eu diria que o eixo Sagitário x Gêmeos (é importante pensar a astrologia em eixos, vou explicar melhor depois) consiste em um eixo do explorador, da curiosidade e da descoberta.

da que essa habilidade de Gêmeos tem uma diversidade de aplicações, nós falamos comércio, mas pode ser notícias, transporte, desenvolvimento de tecnologia, pode ser ensino e informação em geral, e assim por diante.

Temos de dizer também que esse duplo racional humano expresso por Gêmeos representa duas curiosidades distintas ao mesmo tempo, um profundo impasse. Como se quisesse sempre duas ou mais coisas ao mesmo tempo. Na verdade, Gêmeos não quer abrir mão de nada, se há uma porta a ser aberta ele a quer abrir; a questão é que entrar em um caminho pressupõe abandonar outro, daí as duas curiosidades se chocam e Gêmeos teme perder algo que está atrás da "porta" que ele decidir não abrir. Para ele, se possível sempre abriria todas as portas e percorreria todos os caminhos, testaria todas as suas opções, nunca deixaria passar uma novidade. E provém daí sua profunda indecisão, e mesmo sua cisão, de se apresentar em duas situações ou possibilidades distintas. É o desespero de perder uma oportunidade que pode ser a perfeita. Se isso faz dele muito potente para diversas situações, em outras pode complicar sua vida, principalmente nas decisões que acarretam um compromisso e uma única direção de desenvolvimento em longo prazo.

"Eu sou a razão e sou a curiosidade, sou aquele que tudo quer, onde a mente segue dois caminhos distintos ao mesmo tempo." (Gêmeos)

O signo de Libra: é uma exceção dentro do zodíaco, porque não apresenta nem um animal nem uma forma humana, é o único objeto/instrumento dentre todos os signos. Isso é algo que deve ser levado em consideração. Em primeiro lugar, o instrumento é humano, portanto, ele só é possível com a existência do homem, ele pressupõe a figura humana. Então, o signo de Libra volta claramente ao tema da razão e da civilização proposta pelo ar. De fato, Libra tem características indispensáveis para o avanço de muito do que consideramos civilização, se pensarmos com clareza nessa palavra e em sua importância. Mas, sugiro a gente começar com a balança e analisá-la como símbolo sobre a perspectiva daquele povo que a elegeu assim.

O que a balança pode simbolizar para a gente? Como entender esse símbolo? Bom, para começar, temos de perceber que a balança era um forte instrumento de precisão naquele momento, há 4 mil anos antes de

Cristo. Se não é vista assim hoje, é porque estamos em uma perspectiva de tecnologia bem diferente. Portanto, ela era vista como um avanço, uma modernidade, uma nova possibilidade de quantificar corretamente os pesos. A questão deve ser colocada no motivo pelo qual os sumérios precisavam ou usavam a balança, para isso temos de entender que tipo de sociedade eles tinham, e a resposta já começa na sua própria organização política. Com nome inusitado, a forma de organização deles era um socialismo teocrático, e se você pesquisar, terá alguma dificuldade de achar informações sobre esse formato. Porém, parece-me que índios muitas vezes se organizam desse modo – uma sociedade em que há uma divisão de recursos e tarefas de maneira mais horizontal e comunitária, e o que baseia as leias e as regras é a forma religiosa. Bem, se você fosse um sumério, os recursos provenientes das plantações seriam divididos entre a população de forma igual; você se dirigiria ao zigurate[11] e, lá, os sacerdotes usariam uma balança para lhe entregar a medida certa de cada um dos recursos produzidos ali. É assim que se supõe. Então, a balança representa claramente a possibilidade de cada um receber uma parcela igual, ou uma medida justa de cada um dos recursos dentro da sociedade. A balança propicia que a sociedade possa se estabelecer de maneira organizada e justa; se todos recebem uma parcela é porque todos trabalham em conjunto, cada um tem uma função, uma responsabilidade e, por fim, recebe uma porção justa do todo – essa é uma base muito fundamental e simpática para se constituir uma sociedade. A balança, nesse sentido, revela um avanço contra o individualismo, a competição e a vontade de que se estabeleçam privilégios ou desigualdades, tendência clara de luta dos signos de ar e de qualquer boa idealização de uma sociedade.

Mas, digamos que essa hipótese da sociedade suméria não convença. Tudo bem, vou trazer uma segunda hipótese, baseada na ideia dessa sociedade que se desenvolveu com base na agricultura. Digamos que estamos falando da capacidade de dois agricultores diferentes trocarem entre si o resultado de suas plantações, assim como falamos sobre a ação

---

11. O zigurate é o templo proveniente da época dos sumérios, um tipo de pirâmide escalonada em platôs, muito alta, semelhante a uma montanha. Dentre suas várias funções, estava a observação do céu pelos astrólogos, que avaliavam a passagem dos planetas.

de conexão de Gêmeos. Um deles planta trigo, o outro oliveiras,[12] o que garante que essa troca será justa, que um não sairá se beneficiando em cima do outro ou que um não enganará o outro? O instrumento que procuramos é realmente a balança, ela faz com que a troca possa ser avaliada sob os olhos de todos, e se torne uma troca clara e justa. Se pensarmos bem, a balança é tanto um símbolo da troca – da conexão entre duas partes diferentes – quanto um símbolo de justiça e harmonia entre essas relações, que serão feitas por meio de um acordo civilizado e claro.

Libra precisa ser lembrado por esta palavra específica: DIPLOMACIA, a qual define muito do comportamento desse signo. Os librianos são ótimos em diplomacia (às vezes, até demais), capazes de gerar acordos complexos e fazer conexões entre diferentes partes. Muito bons em argumentar e convencer o outro do que acham conveniente e propício. Também, são ótimos em ficar neutros e dialogar com partes distintas, tentando gerar um acordo, uma conexão civilizada. É muito importante para Libra que as pessoas se entendam e se conectem. Essa habilidade, essa necessidade de Libra, se utilizada de forma positiva, é muito importante dentro de um grupo ou sociedade, mas essa mesma habilidade diplomática, além permanecer na neutralidade em situações para não gerar conflito, também pode causar diferentes problemas. Tem de se entender que muitas vezes as pessoas avaliam Libra como alguém falso, porque ele é bastante diplomático; pode conversar com pessoas com as quais não concorda de forma muito agradável, parecendo até concordar com elas, sem se opor abertamente e, mais tarde, expressar para outra pessoa uma opinião diferente ou muito oposta. Em geral, isso se dá em virtude da necessidade de Libra sempre ter um diálogo educado, o que faz com que Libra dificilmente expresse uma opinião radicalmente contrária ao outro enquanto está ali em diálogo com ele. Assim como a capacidade de articular, se usada para o mal, é muito potente e desastrosa. Agora, um ponto importante que é marcante para pessoas com esse signo forte no mapa astral é que tendem a ser muito galantes,

---

12. Seriam, de fato, duas coisas produzidas nesse período pelos sumérios. Julgo importante visualizar a realidade e a materialidade do período que gerou esses símbolos para entendê-los melhor. Para quem não visualizou ainda, eles gerariam pão e azeite, e podemos estar falando dessa troca em que um entrega pão, o outro, azeite.

agradáveis, ótimas em conhecer pessoas novas e manter um ótimo diálogo, o que tende a gerar bastante simpatia.

Podemos avaliar o signo sobre outra característica muito definitiva para Libra: enquanto balança (com certeza parte do que levou os sumérios a escolher o objeto e não a figura humana), tem uma relação direta com o fato de ela gerar equilíbrio. Por mais simples que pareça, a palavra "equilíbrio" é definitiva para uma área completamente distinta da anterior: a BELEZA. Esta, no sentido de HARMONIA, é muito, muito importante para Libra, o senso estético de equilíbrio físico desse signo é bem determinante. Tudo precisa estar em equilíbrio e harmonia. Deriva-se a partir daí o BELO. Qualquer coisa fora de equilíbrio e harmonia afeta diretamente Libra, bem como gera um incômodo imediato a uma idealização da perfeição harmônica que tudo poderia alcançar. Entende-se, pois, que se há forte Libra no mapa, há forte senso estético, facilidade para as artes, a arquitetura, a decoração, o *design* de moda e de objetos, senso harmônico musical, e assim por diante. Uma das funções desse signo é trazer beleza à sociedade, construir prédios e ruas bonitas, tornar o vestuário elegante, um passo em direção ao que consideraríamos civilização como refinamento, aperfeiçoamento. É claro que o mal em que Libra pode cair também é elevar esse ponto a um nível definitivo superior a outros e cair na palavra "futilidade" ou "superficialidade", ao valorizar mais a aparência do que a essência, funcionalidade ou utilidade.

"Eu sou o equilíbrio, a harmonia e a justiça, por mim a humanidade acha a beleza e a diplomacia." (Libra)

O signo de Aquário: é um ótimo exemplo da lógica civilizatória dos signos do Ar, representa não só a figura humana própria daqueles signos mais ligados ao racional, como também um objeto (o jarro), e teremos de explicar os dois. Mas, primeiro, pode ser importante lembrar que em sua origem esse signo era chamado de "o gigante", uma figura humana de proporções descomunais, provavelmente uma exaltação ou, talvez, um exagero da tendência civilizatória do Ar expressa nas figuras humanas. É fato que Aquário está tão concentrado no futuro, na ideia de civilização, na necessidade de os indivíduos cooperarem uns com os outros, que isso excede suas capacidades, e ele se frustra constantemente com o comportamento não cooperativo ou ideal das pessoas e, em alguns casos, torna-se um tanto radical[13] em algumas de suas buscas. No entanto, esse radicalismo, na enorme maioria dos casos, segue com o ideal de construir um mundo melhor, mais justo e equilibrado para todos e não em benefício próprio; fato que revela talvez uma falta de tato ou delicadeza do "gigante" com o pequeno (o indivíduo) ao tentar alcançar esse novo grau de civilização. Sim, Aquário não é um signo de muito tato ou delicadeza, pelo contrário, é um signo bem direto, que fala abertamente o que pensa e acredita, capaz de opiniões bem ousadas e radicais, e de críticas e protestos ferrenhos contra aqueles que, em sua concepção, conspiram contra os avanços civilizatórios. As opiniões de Aquário costumam ser muito modernas e provavelmente chocantes e, em geral, Aquário gosta disso, que suas opiniões causem certo espanto e desconforto, pois isso faz parte do papel do avanço – tirar muitas pessoas do comodismo ou de sua zona de conforto.

Agora, vamos avaliar o símbolo como de costume, tal como ele nos aparece, e a partir da ótica pela qual ele foi criado, portanto: um homem derramando um jarro d'água. Vejo que essa imagem aparece para nós na modernidade de forma pouco significativa, e parece difícil avaliá-la com olhos que chegaram ao século XXI, em que a grande maioria do mundo é amplamente urbana. Mas vamos relembrar que 4 mil anos antes de Cristo, quando esses signos tentam se estabelecer, a cidade, a vida urbana, era uma novidade espetacular. Bom, digo isso porque um dos fundamentos principais da civilização é – e isso pode surpreender muita gente – a capacidade de as cidades fornecerem água a todos os seus habitantes. O manejo de águas, reservatórios, aquedutos, fontes e esgoto (claro) é a base indispensável para que uma cidade possa nascer e se desenvolver, e as pessoas possam viver todas juntas. Um bom exemplo disso é a queda de Roma, a cidade mais famosa da história nunca

---

13. O radicalismo, visto aqui como um exagero, remete a alguém que está convicto e determinado ao extremo, que não consegue retroceder, mesmo se estiver errado ou passando por cima de princípios que lhe seriam fundamentais só para provar seu ponto de vista (poderíamos dar várias explicações sobre o radicalismo, em muitos momentos da história, ele aparece de forma desastrosa para a humanidade), mas queremos lembrar que ele é comum não só em Aquário, mas também, em geral, em signos de modalidade FIXA, tais como Leão, Touro e Escorpião.

havia sido tomada durante um milênio inteiro. Os visigodos no século V, incapazes de romper suas fortificações, acharam seus aquedutos e os destruíram. O resultado? Roma se rendeu e abriu seus portões; a consequência disso costumamos chamar de Idade Média, ou Idade das Trevas. Espero que isso seja um argumento suficiente, mas posso lembrar que alguns anos atrás, em uma das nossas maiores capitais aqui no Brasil, houve falta d'água, e em meio ao desespero que se estabeleceu, o exército foi deslocado para proteger os reservatórios remanescentes da população. Ninguém percebe, hoje, com clareza, a importância do "homem com o jarro d'água", porque todo mundo abre a torneira e sai água, mas se isso acontece é porque estamos em uma sociedade amplamente civilizada e, eu garanto, basta faltar água por três dias para que a sociedade se torne NADA civilizada. O que quero dizer com isso? Que o "aguador", ou seja, Aquário[14] é um forte símbolo não da água, mas da sociedade civilizada, do avanço civilizatório, da cooperação e da cidade, é um signo amplamente urbano e moderno.

O símbolo do aguador, derramando calmamente a água, foi possivelmente um símbolo que demonstrava que TODOS teriam acesso à água e ela seria distribuída de forma justa. Já vimos em Libra a ideia de justiça, mas a concepção de "todos", de comunidade, vai ser muito forte em Aquário. A compreensão daquilo que é bom não para alguns, mas para todos. Toda a ideia de comunidade e, portanto, de igualdade, de não exclusão ou discriminação em Aquário é muito evidente, assim e por conseguinte a ideia de princípios fundamentais como a liberdade e a justiça para todos. O ideal da sociedade perfeita, livre e igualitária se repetirá muito nesse signo. São tão fortemente idealistas os aquarianos que se tornam utópicos, e tudo que não é uma utopia, uma junção perfeita de princípios civilizatórios e garantias de liberdade e igualdade, frustra completamente as pessoas desse signo. Os aquarianos enaltecem a ideia de que as pessoas podem cooperar para se tornarem melhores,

---

14. É bom lembrar que há um erro de tradução nesta palavra "aquário", hoje a usamos como o espaço onde se criam peixes, mas aquário originalmente no Império Romano se referia ao que chamamos de piscina. De fato, a palavra piscina era denominada para o local onde ficam os "pisces". Bom, com isso temos que a palavra aquário denominava, portanto, um espaço ou reservatório de água. No mundo romano, esses aquários eram espaços de muito luxo, e um dos maiores sinônimos de sua capacidade e requinte civilizatório.

de que a união das pessoas em comunidades é possível, e são grandes combatentes da individualidade em muitos sentidos diferentes.

É importante lembrar que tanto os aquedutos como os reservatórios de água, os sistemas de esgoto, as fontes e aas piscinas eram vistos como avanços descomunais e muito modernos naquele momento. Sinônimos de civilização e luxo, de um mundo não bárbaro. E Aquário deve ser visto assim, como um signo de avanços e modernidade, com os dois olhos no futuro e no desenvolvimento da civilização.

"Eu sou a revolução, trago e derramo conhecimento, para que a humanidade floresça em igualdade e liberdade." (Aquário)

I.IV – OS TRÊS SIGNOS DE ÁGUA

Em primeiro lugar, vamos enfatizar que a Água como elemento está inseparavelmente unida ao conceito de vida, ou seja, onde não há água não há vida. Esse é um princípio fundamental que todos os povos conhecem e, com certeza, impulsiona o significado simbólico da Água dentro da astrologia em seus primórdios. Com isso, adiantamos que todos os signos de Água têm um forte apreço pela vida, e dão um forte significado e valor a todas as formas vivas. São signos muito ligados às ideias de curar, nutrir, salvar e tratar, com isso se aplicam com certa frequência a profissões ligadas à medicina, à enfermagem, à veterinária, aos mistérios da vida, da morte, e assim por diante. Talvez isso não se torne evidente ao se ver os animais que representam a água, mas, sem dúvida, isso não deve ter passado despercebido aos primeiros povos a simbolizar esse elemento.

Mas o que poderíamos dizer dos três animais que representam esse elemento no zodíaco: O caranguejo, o escorpião e o peixe? O que eles têm em comum que todos os anteriores não têm? A resposta pode não ser óbvia, e nada na água tende a ser muito óbvio de fato,[15] mas não é uma resposta difícil se refletirmos bem. Os animais representados ali são, de todo o zodíaco, aqueles mais primitivos, mais originais, menos

---

15. A própria água tende a distorcer as formas e as posições daquilo que está submerso nela, é uma tendência da água criar distorções e ilusões, nada visto na água corresponde diretamente a sua materialidade no tempo e espaço, esse fator deve ser levado em consideração também.

desenvolvidos, portanto, também os mais distantes da razão. Por que simbolizá-los assim? Exatamente porque esses três signos se aproximam muito mais de um outro lado humano: o instinto, a sensação, a intuição. É possível que esses signos fossem vistos com características mágicas, capazes de perceber e ver coisas que outras pessoas não poderiam, a parte aquática tende a ter um significado místico.

Outra característica que podemos ressaltar é a fragilidade interna desses animais. A ideia da sensibilidade está associada, por muitos motivos, à fragilidade, por isso são animais que, para se desenvolver, precisam se proteger do mundo externo. Fragilidade é, também, sensibilidade; você é sensível exatamente naqueles pontos onde é frágil, onde muitas vezes você é mais capaz de sentir. Todos os signos de Água são de fato muito sensíveis e terão de esconder ou se defender disso, se quiserem sobreviver a um mundo, em geral, bem mais dinâmico e agressivo, que dificilmente vai compreender ou se importar com esse fato.

O signo de Câncer: o simbolismo nos signos de água, às vezes, faz-se mais complexo e difícil de entender. Câncer me faz crer que o caranguejo representado ali é aquele que se apropria da concha e vive nela – é um animal que faz parte do grupo de crustáceos, denominado *paguroidea*, que inclui o paguro e o caranguejo eremita. Bom, o primeiro motivo óbvio para isso é Câncer ser um signo claramente associado à ideia de casa, lar, e seu animal representativo, tão instintivo, que habita, que se abriga, seria uma ótima metáfora para essa forte tendência a se voltar ao ambiente familiar, apegar-se e se sentir protegido, assim como ele mesmo tende a ser protetor e cuidadoso. Um animal de dentro da concha – lembrando que por milênios a concha foi associada ao feminino e ao ventre, portanto, um animal capaz de simbolizar fortemente o feminino, o maternal, o acolhimento. Isso, sim, faria muito sentido e explicaria bem essa escolha.

Câncer é um signo incrivelmente maternal, que ama cuidar e nutrir, que precisa estar sempre cuidando de algo. Eu digo que se você encontrou alguém de Câncer e não achou filhos, procure animais e plantas, é quase garantido que os encontrará. Tudo que necessita de cuidado e atenção, um vínculo[16] para que possa crescer e se desenvolver, ativa os instintos de Câncer e o faz se apegar, querer ajudar e proteger. Homens de Câncer tendem a ser muito paternais, pais bastante atentos e cuidadosos, envolvidos com o processo de cuidar dos filhos e muito dispostos a brigar com as mães pela guarda deles. Mas não é só a família necessariamente, podem ser muito empenhados em alguma atividade que necessite desse tipo de cuidado e delicadeza; são bem presentes na cozinha, na criação de animais, em hospedar bem as pessoas. Cuidar e fazer crescer. Câncer se desloca um pouco de si mesmo, algo comum na água, e foca muito no outro, direciona muito da sua atenção ao outro.[17] Ele precisa achar para si mesmo um sentido, um significado, um motivo. Muitas vezes, a forma que os cancerianos encontram esse significado é por intermédio do outro, por isso são muito solícitos e cuidadosos. Fatalmente, se o outro rompe com o canceriano ou não precisa mais dele, ele tem muita dificuldade, pode entrar em um tipo de crise e precisa achar outro algo ou alguém para o qual se dedicar.

Há um forte amor à vida e às formas de vida, por isso eu disse anteriormente que signos de Água estão associados à ideia da "vida". Há um interesse e apego a todas as formas de vida e uma vontade de preservá-las. É um signo que tende a ter essa delicadeza, e posso adiantar que é incomum em pessoas que fazem mal a qualquer forma de vida,[18] a não ser que seja para defender outra. É recorrente em indivíduos que se interessam por biologia, por exemplo.

Temos de entender também que Câncer é um signo frágil em muitos sentidos. A sensibilidade que ele demonstra é, sem dúvida, uma abertura para o mundo, para o outro, expondo-o e fazendo com que todos os eventos externos o afetem muito, e assim ele é suscetível,

---

16. Essa mesma premissa não se aplica a outros signos, como Sagitário (o quincúncio de Câncer). Já vi pessoas com Sagitário forte no mapa que tinham em suas casas o mínimo possível, inclusive, de móveis para que não fosse nem difícil nem penoso viajar, mudar ou se desapegar.
17. Isso parece algo bem simpático, mas também faz de Câncer um signo muito dependente, que precisa ativamente do outro e acaba, em muitos casos, envolvendo-se excessivamente, sendo muito apegado ou até controlador, capaz também de certo nível de chantagem e dramas, se não se sentir seguro.
18. Quando acontece, pode ser um interesse de certa forma doentio por seres mais frágeis e ingênuos, ou por membros afetivamente muito próximos, mas é, com certeza, um tanto incomum.

sofre bastante com todos os eventos mais agressivos externos. Essa sensibilidade tem dois lados: de um, torna-o um signo capaz de perceber, significar e explorar algo no mundo que muitos outros não veem, um sentido ou significado oculto à maioria, e há neles, portanto, uma forte tendência para a poesia, uma inclinação a expor ao mundo de forma absurdamente verdadeira essas sensações ou sentimentos ocultos. Ao fazer isso, a maioria das pessoas olha e diz: "*poxa, é isso, eu sinto isso, mas nunca consegui explicar*". Ok, mas o outro lado é que a fragilidade gera medo, angústia, e tem uma tendência ao sofrimento, não que todos os outros não tenham, mas a questão é que Câncer percebe com clareza a profundidade disso.

De fato, a vida é agressiva e competitiva, e Câncer não tem essa tendência normalmente. A solução de Câncer para o mundo é a carapaça, ele se esconde não só na concha, mas também sob uma carapaça, um exoesqueleto que protege sua forma interna mais sensível. Cria para si mesmo e para o outro um conjunto de barreiras que o podem proteger dos eventos externos negativos e se esconde lá dentro. Essa defesa no Câncer se dá de muitas formas, uma delas é óbvia, muitos cancerianos não saem muito de casa, não por serem tão apegados a casa, mas por segurança, porque o externo pode afetá-los, logo, preferem ficar protegidos. É claro que essa proteção pode também ser uma pessoa, uma mãe, um companheiro, até um filho ou amigo. Outra forma de se proteger com a carapaça, talvez menos falada, é que muitas vezes Câncer cria uma *persona* para si, uma figura que ele apresenta, mas que nem sempre é ele mesmo, contudo, funciona como uma defesa ou proteção contra o mundo externo. Tal ação de proteção pode ser vista como um tipo de falsidade, não se apresentar exatamente como é para não se expor; mas é, em geral, uma forma defensiva de se colocar no mundo, já que não pode se esconder sempre.

É fato que Câncer não é um signo que gosta de se arriscar, que não vê com bons olhos se expor, tem uma tendência mais tímida e reclusa, exatamente porque percebe com clareza como o mundo pode ser perigoso. Sua sensibilidade lhe permite entender as tão diferentes formas com as quais o mundo pode ferir aqueles que ele ama, portanto, é um signo mais cuidadoso, ou excessivamente cuidadoso, que quase nunca se expõe ou se mostra com clareza.[19] Um signo que, assim como o caranguejo, tem sempre uma aproximação indireta, que nunca chega de frente, vai pelas beiradas com cautela; que diz uma coisa querendo outra, que bate em uma porta com a intenção de que isso o leve a outra. Por mais paradoxal que pareça, Câncer é muito habilidoso em conseguir o que quer, sem ter de pedir diretamente.

"Eu sou aquele que guarda e cuida, um fluxo inesgotável de sentimentos flui em mim; por mim, o mundo acha a delicadeza e a poesia." (Câncer)

O signo de Escorpião: dos signos de água, Escorpião é o mais fácil de explicar o simbolismo, porque ele se apresenta de maneira bem direta à imaginação de qualquer um. O signo em si é de alguma forma complexo e denso, nem sempre bem interpretado e demanda um pouco mais de trabalho. Bom, vamos lá. Por que os sumérios simbolizaram esse trecho do céu com o escorpião? Por que escolheram o animal para esse simbolismo? A resposta é simples, porque o escorpião é perigoso. É preciso ter cuidado com as características desse signo; não quer dizer que ele é absolutamente mau, como se gosta de interpretar (e os escorpianos até gostam disso, se divertem, não será uma ofensa), mas é, com certeza, um signo capaz de causar dor e estrago, tal como o animal que os simboliza. Fala-se muito da maldade, da vingança, do perigo de Escorpião, que vamos desenvolver aqui, mas eu gostaria que as pessoas se lembrassem da palavra "capaz". Escorpião é um signo muito capaz, eficiente naquilo que se propõe, e isso é algo pouco exposto nos livros. Posso argumentar que é um animal de alguma forma muito pequeno, talvez o menor de todo o zodíaco, mesmo assim, um dos mais temidos ou perigosos, por conta de características que não são o tamanho exatamente, mas sua capacidade: ele é audacioso, venenoso e furtivo. A presença de Escorpião no mapa de qualquer pessoa a torna muito capaz, astuta e potente. Trata-se de um signo marcial, bem objetivo, que sabe

---

19. É claro que esta não é uma regra invariável. Em primeiro lugar, se algo que ama e cuida for ameaçado, como sua casa, família ou entes queridos, você verá outro Câncer com certeza, e isso é muito claro. Em segundo lugar, algumas combinações de Câncer, principalmente com Áries, o tornam muito capaz e enfrentativo, e já geraram figuras de demasiada coragem e estratégia, como Júlio César e Alexandre, o Grande.

exatamente onde e quando "atacar". Sabe onde vai causar maior impacto, e tem grande capacidade de concentração e dedicação. Um bom conselho é nunca subestimar Escorpião, por mais tranquilo ou pequeno que ele pareça.

Os signos de água são sensíveis e, embora Escorpião não pareça exatamente sensível, acredito que este seja o maior segredo que todos os de Escorpião preferem esconder: sua grande sensibilidade e, com isso, a fragilidade. Semelhante ao caranguejo, o escorpião é um animal internamente muito frágil, e é exatamente essa fragilidade que impõe aos dois animais a necessidade de um exoesqueleto. Até aí, os dois animais são consideravelmente semelhantes. Qual é a grande diferença entre eles? O caranguejo se esconde em sua concha, muito firme e segura, impossível de se quebrar. O escorpião adota outra tática, não só exibe sua armadura,[20] protegendo sua sensibilidade, mas também é um animal amplamente armado, com duas potentes pinças afiadas na frente e uma cauda com um ferrão cheio de mortal veneno atrás. A defesa do escorpião é o ataque. Esse animal é quase um tanque de guerra, bem mortífero de todos os lados, e essas características não passaram despercebidas quando os sumérios o escolheram.[21] O que não se percebe bem é que todo esse armamento está ali para proteger um lado sensível muito bem escondido. É preciso, portanto, dar uma explicação: o animal escorpião não é especialmente agressivo, ele não vai até você e atacar. O escorpião, na verdade, prefere ficar na dele, em geral escondido ou na sombra. Ele vai picar você sim, se você tentar pisar nele, sendo por querer ou sem

---

20. Esse exoesqueleto do escorpião é, na verdade, muito duro e difícil de penetrar. Esta característica os escorpianos exibem: não é fácil penetrar essa armadura, que fica mais dura à medida que amadurecem.
21. Ao longo da história, Escorpião é muito presente em grandes generais; na verdade, é quase inevitável que não tenham nada desse signo. Um bom exemplo disso pode ser visto na Segunda Guerra Mundial, em que o principal general alemão era Rommel, apelidado de "a raposa do deserto", o astuto general inglês disposto a enfrentar Rommel em qualquer campo era Montgomery. Os americanos trouxeram seu general mais agressivo, Patton, que precisava ser constantemente lembrado de parar os avanços contra o inimigo e não admitia soldados com medo; e o único general francês disposto a lutar e formar uma resistência francesa, mesmo depois da invasão alemã, foi Charles de Gaulle. Todos os quatro eram escorpianos, e garanto que isso não foi um acaso, todos eram generais de campo com apreço pela batalha. Duvido que fosse diferente na época dos sumérios, e que isso tivesse passado despercebido às suas observações do mundo.

querer (não interessa). Quero dizer isso porque esta é uma característica definitiva de Escorpião: um signo reativo, que espera um movimento para reagir; ele está muito atento ao outro. Se o escorpião picá-lo, é porque ele entendeu que você quis machucá-lo ou ameaçá-lo, e daí não interessa seu tamanho em relação a ele, ele enfrenta você, mesmo! A posição que esse animal assume quando está disposto ao embate é, na verdade, bem assustadora, cria um medo instintivo e justificado – dizem que o veneno do escorpião é bem dolorido.

O que é esse lado sensível que Escorpião esconde tanto? Tenho para mim que Escorpião muda muito à medida que amadurece. As crianças de Escorpião tendem a ser muito tímidas, gentis e doces, e vão, à medida que vão sendo machucadas pelo mundo, pela vida e pelas pessoas, endurecendo suas defesas e se afundando dentro delas. Há um lado muito doce e protetor dentro dessa armadura, cheio de paixões e compaixão, empatia e certo romantismo muito sensível ao meio e às ações do outro. Escorpião se machuca bastante, mas faz o possível para não deixar transparecer isso, porque tem muito medo de ser ferido onde ele é especialmente vulnerável.

Como expliquei, Escorpião deve ser visto como um signo reativo, portanto, muito atento ao outro; na verdade, esse signo tem um fascínio pelo outro. Todos os movimentos e as reações do outro o intrigam muito, há uma forte vontade de entender o que o outro pensa, gosta ou não gosta. Na verdade, assusta Escorpião que o outro não tenha a mesma curiosidade e abertura que ele, como se as pessoas tivessem um descaso forte umas pelas outras, o que gera nele uma raiva e uma revolta velada difícil de explicar.[22] É muito fácil perceber Escorpião tentando descobrir os segredos do outro, não só segredos de fato, mas também quem o outro é, o que deseja e gosta de verdade; as aparências não lhe interessam. Ele pode simplesmente ser muito atento a reações sutis e o veremos também perguntando diretamente: *"Você gosta disso? Por quê?"*; ou: *"Isso o incomoda? Do que não gosta?"*. O prazer e o desprazer do outro lhe são muito curiosos e ele guarda essas informações, o que o torna absolutamente capaz de gerar prazer ou desprazer no outro.

---

22. Raiva esta que, em alguns casos, o faz se afastar quase por completo das pessoas sem que elas mesmas entendam o porquê.

Essas características o associam fortemente à sexualidade e, também, à vingança. De fato, Escorpião gosta de dar e gerar prazer no outro, tem uma diversão própria nisso e vai escolher esse caminho, se puder, mas se o outro o impelir a gerar desprazer, ele vai assumir também esse papel. Ou seja, ele pode decidir que os atos de uma pessoa, a forma como o trata ou trata os outros, merecem uma gota de veneno como "resposta" para que essa pessoa em específico sinta na pele aquilo que faz aos outros. A vingança de Escorpião tem um objetivo de justiça escondido, uma intenção intuitiva de equilibrar forças, o que machuca merece ser machucado, merece tomar contato com aquilo que faz, mas não liga ou não percebe. Ele tem essa tendência a ser um tipo de justiceiro, e muitas vezes assume dores de outros, vai lá e "fere" um agressor absolutamente sem se explicar, nem para a pessoa que foi ferida nem para o agressor. Em geral, Escorpião se explica ou justifica muito pouco, pode inclusive não ser muito bom nisso, o que aumenta o medo e o mistério que os outros tendem a ter dele.

Há em Escorpião uma profunda dose de consciência. Uma vontade de entender a fundo as ações e as paixões humanas que determinam seus diferentes movimentos individuais.[23] Uma curiosidade não só para aquilo que gera bondade, mas principalmente para tudo que gera maldade no homem. São as profundezas da alma, fato que leva esse signo comumente à espiritualidade ou à psicologia. Vamos lembrar que essa é, dentro do zodíaco, aquela criatura das sombras, envolta em profundezas e mistérios, associada àquelas criaturas da noite. Disseram-me uma vez que só Escorpião poderia ser realmente mau dentre os signos, que muitos deles faziam coisas horríveis sem ter consciência ou perceber isso, pelo seu desprezo ou egocentrismo pelo outro, mas Escorpião não. Este seria o único signo que, sempre que faz algo mau, tem profunda consciência disso, sabe exatamente o que está fazendo e por que, nunca é sem querer ou sem pretender. E é verdade, o que Escorpião acrescenta ao mapa de uma pessoa é "maldade"; não uma maldade inata, mas uma consciência dela, dentro dele e do outro. Há uma propensão e uma forte coragem de olhar para o lado sombrio do mundo e se aventurar ali,

---

23. É importante frisar que o interesse de Escorpião está no indivíduo, nos interesses e nos motivos individuais de cada um, assim como nos seus próprios, não no coletivo.

onde outros preferem não ir ou olhar. É como Liz Greene diz: um signo muito corajoso, disposto a encarar embates que outros prefeririam evitar, o que vai trazer consequências para sua vida.

"Sou a escuridão, caminho onde outros temem, conheço os segredos das profundezas da alma de todo homem." (Escorpião)

O signo de Peixes: é um simbolismo amplamente ligado às águas e, por isso, à sensibilidade e ao misticismo; é aquele animal dentro do zodíaco capaz de ir mais fundo. Se pensarmos em seu simbolismo, o peixe é um animal que habita no universo mais distante do humano, vive exclusivamente em um mundo completamente distinto e *insólido*,[24] e me parece que a escolha dele como símbolo para representar o signo se dá, em grande parte, por conta disso. É preciso lembrar que o peixe vive em um universo diferente daquele sólido do mundo cotidiano (este, muitas vezes, exemplificado pelo elemento Terra). Não é um signo objetivo, ele está em outro mundo, em outro tipo de universo. Que universo seria esse? Assim como os outros signos de água, Peixes é muito sensível, isso quer dizer que ele percebe coisas que outras pessoas não percebem nem sentem, e isso o faz identificar coisas no mundo que passam despercebidas aos demais. Os piscianos podem se tornar muito fantasiosos, é verdade, mas também muito místicos, o que é bem comum, mas podem ser também como Albert Einstein, figuras destinadas a desvendar os segredos ocultos do universo, bem na cara de todos, mas ignorados pela falta de sensibilidade e criatividade ou egocentrismo.

Vamos lembrar que, assim como o signo de Gêmeos, Peixes apresenta um simbolismo duplo e há um motivo para isso. Há em Peixes um excesso de sensibilidade, uma sensibilidade dupla, portanto, é um signo amplamente vulnerável, aberto, compassivo e disposto a ajudar aqueles que nem conhece, de tal forma que pode acabar se sacrificando pessoalmente pelo outro, incluindo suas vontades e necessidades pessoais. Isso é, de fato, muito perigoso para Peixes, ou até para quem for próximo dele. Peixes pode se dedicar tanto a ajudar que acaba se esquecendo de si mesmo, daquilo que ele mesmo precisa, e não é incomum que Peixes

---

24. Um mundo não sólido, de consistência diferente daquela habitualmente experienciada por nós. Essa palavra não existe, mas era a única capaz de descrever essa qualidade.

se perca um pouco, e ele mesmo precise de auxílio às vezes. Um ponto determinante desse simbolismo duplo é que cada um dos peixes nada em uma direção diferente, isso acontece porque Peixes não dá direção aos seus sentimentos, simplesmente, dá vazão a eles, faz o possível para que ocorram livremente e sem restrições. Isso acarreta que, muitas vezes, Peixes viva sentimentos distintos ao mesmo tempo, e ele não interfere nisso, deixa fluir. É um grande sinônimo de sua abertura, mas significa que está aberto às paixões e se comove com situações distintas simultaneamente.

Não intervir, deixar que os sentimentos sigam seu fluxo, é parte fundamental do que é Peixes – um signo que tende a acreditar amplamente na ideia de **destino**, de que se deixar a vida fluir e seguir seus sentimentos, sem intervir, terminará alcançando aquilo que o universo determinou e preparou para ele. Peixes busca um sinal, um significado no mundo e no universo, e se dispõe a seguir esse caminho. Quando se acredita tanto no universo e no destino, busca-se preservar a ordem própria deles. Há, portanto, uma forte tendência à religião e ao misticismo como as possíveis formas de revelar, não como o mundo funciona, mas seu significado e valor oculto, os quais são muito mais importantes e valorosos para o homem.

Associo muito Peixes à palavra inglesa *ramble*, de difícil tradução, que me parece concentrar muitas das características piscianas. *Ramble* é o mesmo que vagante, aquela pessoa que está vagando pelo mundo, às vezes traduzida como vagabundo, alguém sem objetivos, mas a palavra também revela a ideia de divagar, refletir, pensar ou vagar. O termo foi muito associado às pessoas que vagavam de forma clandestina, sem destino, nos trens que cortavam os Estados Unidos. Imagino que durante a história muitos piscianos foram grandes vagantes místicos, sem muitas pretensões de posses e conquistas pessoais.

Como Peixes está tão envolvido com esse outro universo fora da realidade, ele não se apega ao material e ao real, e se volta para a imaginação e a fantasia. Piscianos são muito sensitivos e imaginativos, algumas vezes abandonam decididamente a realidade para viver dentro de sua própria fantasia, muitas vezes por ser um universo menos agressivo e mais confortável.

Temos de lembrar que Peixes é tão sensível e doce, que é frágil e, ao contrário de Escorpião e Câncer, não apresenta defesas claras. Está tão exposto que pode ser considerado o menos agressivo e competitivo dos signos, de forma que vai se esquivar da maioria dos conflitos e se afastar de ambientes agressivos para não absorver esse tipo de energia e se machucar. O formato com o qual o peixe se protege do mundo externo é a fuga; ele é um grande escapista, desvia-se com destreza e ótima intuição de muitas situações ruins e agressivas. Quando parece ter sido capturado, ele é ótimo em escapar e confundir, esquivando-se para longe, para suas próprias profundezas.

"Eu sigo o fluxo dos meus sentimentos, assim como um rio, eu sigo e aceito meu destino, sigo em direção ao meu mar." (Peixes)

II – DOZE SIGNOS SOBRE A PERSPECTIVA DO PRAZER E DO DESPRAZER

Gosto muito de apresentar os signos presentes no mapa de uma pessoa não como um fato, mas como uma potencialidade, algo que poderia ser explicado como uma *energia potencial*. Nem todo mundo vai desenvolver uma mesma potencialidade igualmente ou na mesma direção, as pessoas podem dar vazões bem distintas a potenciais semelhantes. Algumas pessoas têm potenciais que nunca desenvolvem ou levam a sério, enquanto outras elegem um pequeno potencial, e o exploram e o utilizam de forma absoluta e deslumbrante. Mas o que seria um potencial exatamente? Como se nasce com um potencial, um desejo, uma direção? Pensei muito sobre isso e minha conclusão é de que temos potencial naquilo que temos prazer. A dinâmica do prazer e também a de seu contrário, o desprazer, são formas básicas e estruturais de descrever uma tendência que vai se desenvolver em longo prazo. Obviamente, como veremos, isso é muito útil e propício para se explicar e entender a astrologia. Se um tipo de situação ou atividade me gera prazer, estou mais disposto e propenso a gastar minha energia ali, em desenvolver com mais afinco habilidades ou pesquisar mais a respeito daquela atividade. Em geral, gastar tempo e recurso que disponho com ela. É muito fácil compreender um mapa se você entende que o que cada um tem de mais precioso em sua vida é **tempo** e **recurso**. Passa-se a compreender como uma pessoa desenvolve seu próprio mapa da perspectiva de onde e como ela tende a gastar tempo e recurso ao longo de sua existência.

Vamos pensar da seguinte forma: digamos que um ato simples de fazer contas, medir ou quantificar me dá prazer, me diverte, isso significa que todas as atividades que exigem essas ações me são prazerosas e, portanto, que dedico cada vez mais tempo a elas. Se isso acontecer, em longo prazo ficarei cada vez mais hábil e interessado nessas atividades, e o que era um potencial, se eu der vazão a ele, pode se tornar uma profissão, uma especialidade. Claro que posso não desenvolvê-la profissionalmente, mas apenas gastar parte do meu tempo livre com algum jogo ou entretenimento que a exija. Há muitas possibilidades, e enquanto tais atividades me encantam, para outras pessoas podem ser assustadoramente desprazerosas, bem como, em longo prazo, cada vez mais desafiante para elas. Não que não consigam executar tais atividades, mas será mais difícil e sofrido para essas pessoas as executarem e, assim, desenvolverem mais habilidades; se as desenvolverem, terão sofrido um pouco mais para chegar ali.

Vou apresentar em linhas gerais o que são esses prazeres fundamentais, mas, com certeza, seria possível escrever um pequeno volume tentando desenvolver essa lógica com mais cuidado e cautela. Por ora, acho que essas poucas frases já podem ser bem úteis.

Nada agrada mais Áries do que impor sua vontade sobre a do outro, provar que sua vontade, e a de mais ninguém, só a sua, vai prevalecer à do outro e que é mais forte e potente, vencendo o outro. Todo o ímpeto competitivo de Áries pode ser resumido aí. O pânico de Áries é ter de ceder no que ele quer.	Libra odeia o conflito, há um grande prazer em chegar a um acordo, em conseguir conciliar a vontade e a necessidade do outro com a sua, em ser agradável e educado com o outro. O pânico de Libra é ter de afirmar sua própria vontade: "eu quero isso".
O prazer para Touro é o próprio prazer, sem representação. É um signo bem básico e sinestésico, que avalia o mundo a partir daquilo que é ou não agradável para ele. A ligação é tão forte que o simples fato de sentir fome pode causar um grande incômodo, e é comum Touro sempre carregar alguma comida para não ter de passar por isso.	Escorpião tem prazer em gerar prazer no outro, assim como em gerar desprazer em certas ocasiões. Há uma curiosidade sobre o que agrada e desagrada o outro. Escorpião gosta de desafios e de se provar, de sair da zona de conforto. Na verdade, sendo oposto, Touro é, provavelmente, um dos signos mais dispostos a passar por situações desagradáveis.
Gêmeos odeia ter de decidir o que quer. É um signo muito adaptável, que tem prazer em se adaptar e se integrar ao momento e ao grupo no qual está inserido, que tem grande capacidade de se atualizar sobre o que TODOS estão fazendo e gostando.	Sagitário tem uma dinâmica simples: "eu quero fazer o que eu quiser, na hora em que eu quiser, da forma que eu quiser, sem ninguém me incomodar", o que se traduz muito bem na sua busca por liberdade e dificuldade com limites.
O prazer de Câncer é cuidar, é ter algo sobre sua responsabilidade, tão frágil que poderia morrer se não for tratado com delicadeza e carinho, algo que dependa invariavelmente dele. A fragilidade encanta Câncer, tanto no outro quanto nele mesmo.	O pânico de Capricórnio é ter de expressar fragilidade, há prazer na resistência e na resiliência. É capaz de transpor adversidades. Há um forte prazer na independência, em poder assumir responsabilidades e ser capaz de transpor desafios difíceis.

O desejo de Leão é grandioso, seu prazer é que TODOS abdiquem de suas vontades individuais em prol dele e do que ele quer. Isso ilustra várias dinâmicas do Leão: a tendência ao exibicionismo, a capacidade criativa de reverter essa atenção voluntariamente e, também, o gosto pela autoridade, em que não há escolha para o outro.	O desejo de Aquário é exatamente o oposto, ele espera que TODOS, inclusive ele mesmo, abdiquem de suas vontades individuais em prol do bem do coletivo. É muito importante para Aquário que as pessoas renunciem às suas vontades, gostos e prazeres individuais. Busca sempre um ideal além do egoísmo imediato.
O prazer de Virgem é o planejamento, poder estruturar com cuidado tempo e recurso, e fazer um plano minucioso de como se deve agir para garantir que tudo corra e funcione corretamente no universo. Medir e calcular corretamente, a fim de compreender os limites do mundo natural.	O prazer de Peixes é exatamente o contrário, é não ter de se planejar, confiar no destino e no universo, deixar que as coisas aconteçam da forma que o universo determinou para estar em contato com seu fluxo; deixar-se levar e ter fé no seu destino e nas ações da natureza.

O engraçado é que, ao pensar no prazer e no desprazer dos signos, deparei-me com uma conclusão interessante: o que é prazer para um signo específico representa para o seu signo oposto (complementar) desprazer, e vice-versa – o que explica bastante toda a dinâmica astrológica e como os signos tendem a se completar realmente. Isso fortalece a ideia de eixos que vamos trabalhar agora.

II.I – SEIS EIXOS

Gosto de lembrar que os sumérios tinham um sistema numérico de base 6, e que a existência de 12 signos, ou o Céu dividido em 360 graus, deve-se a essa base no número 6. Na verdade, estão presentes no céu sempre seis signos, e seis signos se escondem atrás da Terra. Isso me faz pensar que talvez eles não tenham pensado em 12 signos, mas, sim, em seis pares de signos. De fato, há muitas semelhanças entre esses signos opostos, eles tendem a se complementar, se equilibrar. Eu digo (para fazer um paralelo com a Física) que *é uma mesma força, estão na mesma direção, mas em sentidos opostos.*

Quando dois signos opostos aparecem no mapa astral tendem a gerar muita força, mas também a tê-la equilibrada, sob tensão. Na própria Física, a Lua Cheia se dá quando o Sol e Lua estão opostos, alinhados no mesmo eixo, e isso gera a segunda maior variação de marés possível, ou seja, desloca o maior volume de água na Terra. Podemos notar que cada um desses eixos tem uma força própria, e que pode ser muito propício ao entendimento da astrologia identificá-los. Vamos lá:

Áries-Libra – Eixo do Indivíduo (da vontade e da identidade): este eixo fala diretamente à ideia de indivíduo e de sua importância, das vontades individuais e da determinação individual para a construção da identidade, daquilo que é próprio e ideal a cada um dos indivíduos para se tornarem seres humanos verdadeiros. Fala da ideia de direitos humanos irrevogáveis que cada pessoa deve ter, e da capacidade de lutar e defender sua individualidade.

Touro-Escorpião – Eixo do Instinto e do Desejo (pulsão e sexualidade): eixo muito potente, com imensa determinação e força nele, uma disposição para chegar até o fim, sejam quais forem as consequências. Trata-se de resistir sem ceder. Na verdade, este é um eixo muito pouco político ou colaborativo. Tais pessoas não se importam com a sociedade, com o que os outros gostam ou querem; são movidas por seus instintos mais básicos e primários, e não querem saber como o mundo e as pessoas se apresentam ou poderiam ser, mas o que são de verdade por trás da máscara sem muita representação. Como são focadas em sensações, pulsões e instintos, tendem a ser muito passionais e sexuais.

Gêmeos-Sagitário – Eixo do Explorador (curiosidade e inquietação): há uma imensa necessidade de desvendar, descobrir, entender. Este é o eixo daqueles que não se contentam com o que está em suas mãos; querem algo além, algo que não viram ainda ou que não foi tocado. Desejam explorar e desbravar novos mundos, a estagnação os incomoda, e a novidade é o que os move.

Câncer-Capricórnio – Eixo da Vida (tradição, família): eixo absolutamente associado à preservação da vida, ao cuidado e à manutenção daquilo que é fundamental a ela. Portanto, é um eixo muito ligado à família e à tradição. Pronto a preservar a história, o passado e os recursos para que a vida seja possível e se mantenha estável para o futuro.

Leão-Aquário – Eixo da Sociedade (do poder e da política): eixo muito ligado à ideia de grupos humanos e de sociedade, mas principalmente ao poder do grupo e ao poder sobre o grupo, à capacidade de liderar e de conduzir grupos, de articulá-los. É um eixo muito impositivo e arrogante, mas com grande capacidade de realizações e admiração.

Virgem-Peixes – Eixo do Universo (simplicidade e humildade): eixo diretamente ligado à compreensão das forças do universo, tanto físicas quanto espirituais, e a um deslumbramento perante elas. Há uma forte vontade de compreender essas forças que regem o universo, e não interferir nelas nem feri-las. Existe uma compreensão da sua pequenez frente a essas forças, portanto, é um eixo relacionado à humildade e à simplicidade. Preservar e manter a ordem mágica do universo, e do seu e do nosso destino. São pessoas prestativas e solícitas, que gostam de se sentir úteis dentro do mundo.

II.II – A AUSÊNCIA DOS SIGNOS

Sei que, comumente, pensamos os signos por sua presença e potência, um planeta em cada um dos signos gera uma força naquele signo que pode ser utilizada, trabalhada, lapidada, mas também desperdiçada. A meu ver, tudo depende de quais escolhas cada um faz, e da vontade e disposição para realmente se dedicar. Sou um forte defensor do livre-arbítrio e não entendo que a astrologia o ultrapassa. Mas quero tratar de outro ponto: os gregos nos deram a dialética como forma de conhecimento, e mesmo que a palavra seja difícil e nem sempre bem interpretada, ela pode ser propícia na astrologia, podemos entender como uma contraposição, tudo é aquilo que é, mas também se define por tudo que não é. Minha proposta, portanto, não é avaliar um signo só pelo que ele é (isso é o que fazemos geralmente), mas considerar também o que ele não é para entendê-lo.

Talvez pareça complexo, mas não é. Em algumas ocasiões, incentivo meus alunos a avaliarem um mapa não pela perspectiva do que a pessoa tem nele (os signos presentes nos planetas), mas pela perspectiva dos signos que ela não tem. Entender a pessoa *pelo que ela não é*, e, portanto, quais suas dificuldades e faltas.

Convido você a avaliar como a ausência de um signo impacta uma pessoa, e sugiro que essa pode ser a melhor forma de entender de maneira correta o que é, verdadeiramente, cada um dos 12 signos, seu papel e sua função. Por que isso? Porque é próprio da nossa dinâmica perceber aquilo que é mais importante a nós à medida que perdemos ou não temos.

Áries	Se Áries está ausente no mapa, a pessoa tem dificuldade em ser competitiva, em lutar pelo seu próprio espaço, em assumir suas vontades e batalhar por elas. Falta atitude e iniciativa. Há dificuldade de defender seu ponto de vista e de lutar pelo que quer verdadeiramente.
Touro	Falta na pessoa egoísmo, e por mais que pareça desnecessário a olhos desatentos, aqui estamos falando de alguém que não se preocupa nem valoriza verdadeiramente seus próprios prazeres, que pode se tornar incapaz de se agradar, de valorizar seu próprio tempo e recursos. Muitas vezes, não sabe quando não dividir com os outros e se preservar.
Gêmeos	A pessoa sem Gêmeos é pouco informada, se atualiza muito pouco, tende a ter dificuldade de se conectar ao seu tempo e momento no mundo, se isolando e dialogando pouco. Normalmente, tem muita dificuldade de se adaptar a novas situações e se modernizar, pode ter medo do que é novo.
Câncer	A ausência de Câncer no mapa indica uma dificuldade de ser delicado, e saber compreender e acolher a fragilidade no mundo, seja sua própria, seja a do outro. Tomar conta de algo ou ser carinhoso e afetivo pode ser um problema para essa pessoa.
Leão	A pessoa sem Leão no mapa é carente de autoestima e orgulho próprio, consequentemente, de vontade de se mostrar e se apresentar. A pessoa tem medo de receber os holofotes sobre si, sente-se insegura quando recebe atenção, tem dificuldade de expressar suas vontades e se impor sobre o outro, e de defender seu espaço.

Virgem	A falta de Virgem no mapa indica alguém com muita dificuldade de se organizar e planejar. É muito difícil para essa pessoa avaliar o que ela dispõe como tempo e recursos, fazer contas e prospecções, e avaliar qual passo seria mais propício de se dar no futuro, de forma a não exaurir a si mesma e os demais. Também representa uma falta de simplicidade e de humildade. Uma dificuldade de saber avaliar quando ela já tem o bastante e o valor do que ela tem ou conseguiu na vida.
Libra	A falta de Libra acarreta uma dificuldade de lidar com o outro, uma falta de habilidade de negociar e interagir, de buscar parcerias, de ser galante, educado e gentil. Também representa uma baixa vaidade e pouca preocupação com a estética e a beleza ao seu redor, como se fossem supérfluos.
Escorpião	A ausência de Escorpião no mapa é uma inexistência de maldade, no sentido de malícia, de perceber no mundo e no outro a maldade, a armadilha; uma falta de astúcia e atenção para tudo aquilo que não se pode ver diretamente. Assim, também, uma falta de consciência sobre si mesmo e seus próprios atos em relação ao outro.
Sagitário	A falta de Sagitário representa uma dificuldade de ousar, questionar e ultrapassar limites; de quebrar a rotina ou regras e se aventurar na vida, arriscar-se e transpor barreiras.
Capricórnio	A pessoa sem Capricórnio no mapa carece de objetividade e de praticidade na vida. Tem dificuldade de tomar decisões que lhe sejam produtivas, e de assumir responsabilidades e deveres. Pode faltar real maturidade nessa pessoa.
Aquário	Aqui há ausência do senso de coletivo, a pessoa é pouco participativa e colaborativa para com o grupo e com o todo. Tem dificuldade de idealizar aquilo que atenderia ao grupo e fosse benéfico à humanidade, e se recusa a abdicar de suas vontades individuais para o bem do coletivo. Tende a ter dificuldade de trabalhar em grupo.
Peixes	Pode haver uma falta espiritual ou de fé, uma ausência de sensibilidade e confiança no destino e no universo, um excesso de ceticismo e uma dificuldade de se apresentar ao mundo de forma delicada e humilde, de ser caridoso, ajudar e salvar aqueles que precisam.

PARTE III – CASTELO

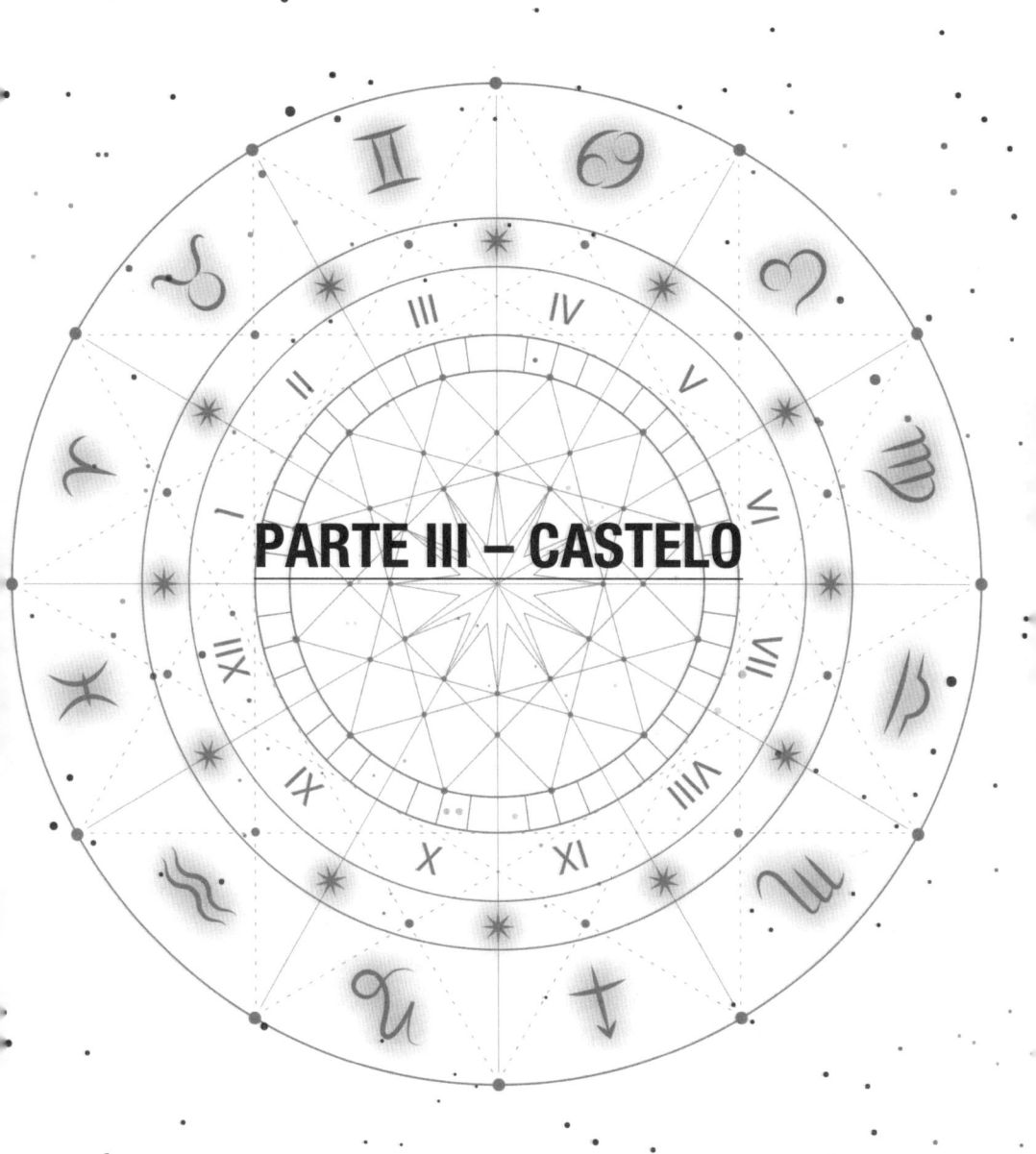

I – O MAPA ASTRAL COMO UM SISTEMA

Vimos até aqui um pouco da história da astrologia, e a importância do entendimento do simbolismo para interpretar a astrologia segundo ela nos foi dada. Compreendemos o simbolismo dos quatro elementos e, também, de cada um dos 12 signos, mas isso ainda não nos permite realmente interpretar um "mapa astral" ou "carta natal". Tenho de enfatizar que dizemos mapa astral" ou "carta natal", que as palavras *carta* e *mapa* têm o mesmo significado aqui, é de fato um mapa, mas um mapa do quê? Um mapa do céu no momento do seu nascimento, portanto, um mapa dos astros (astral) no instante do seu nascimento (natal). Isso significa que todos os astros serão mapeados segundo o signo no qual se encontram e a posição em relação à Terra de cada um deles no momento em que você nasceu. Trata-se de um tipo de "impressão digital", porque é muito, muito difícil que mapas se repitam, são bem únicos.

Só para se ter uma ideia, a chance de duas pessoas terem Sol e Lua nos mesmos signos[25] é de 1/144, e a chance de terem Sol e Lua nos mesmos signos e nas mesmas casas[26] é de 1/1.728. Ainda assim, isso não garante que estariam exatamente nas mesmas casas, mas, pelo menos, próximas. Imagine a probabilidade de duas pessoas diferentes terem Sol, Lua, Ascendente, Mercúrio, Vênus, Marte, Júpiter e Saturno em signos iguais? Seria de 1/44.789.760 ou 0,0000000223265. Para se ter uma noção, a chance de se ganhar na loteria é de 0,000002%. Enfim, isso só para ilustrar que cada "carta natal" ou "mapa astral" é único.

É único porque é composto de um conjunto muito variado de astros.[27] Vamos considerar 12 aqui, que podem estar, cada um dos 12, em

---
25. Exemplo: Sol em Virgem e Lua em Áries, ou Sol em Libra e Lua em Touro.
26. Exemplo: Sol em Virgem, na casa VI, e Lua em Áries, na Casa I.
27. Vamos chamar de "astros" aqui o Sol e a Lua, os planetas, às vezes alguns asteroides como Quíron, como o signo ascendente que não é propriamente um astro, mas, para

12 signos diferentes, e se já não fosse bastante confuso, cada um desses 12 astros pode estar em um setor diferente dos céus, ou seja, em 12 casas distintas. Exemplificando, o Sol pode estar em qualquer um dos 12 signos e mesmo em qualquer deles; pode ainda estar em qualquer uma das 12 casas e cada uma dessas 144 possibilidades resultantes representa um resultado diferente da anterior. O mesmo vai ocorrer com quase todos os astros,[28] ou seja: a Lua pode estar em qualquer um dos 12 signos, em qualquer uma das 12 casas, assim como Júpiter, Saturno, etc. A questão é que é realmente complexo, e seria necessário um computador para avaliar todas as possibilidades, uma por uma, com muitos dados e informações. Minha intenção não é assustar ninguém, é simplesmente expor a complexidade daquilo com que pretendemos trabalhar. Se assumimos que não há nenhuma ingenuidade em relação a essa complexidade, vamos passar para a segunda parte: simplificar e tornar mais fácil entender e avaliar esses dados e, para isso, vamos recorrer novamente aos símbolos. Como justificamos desde o início, a lógica simbólica é propícia para se condensar e codificar tais informações a um nível mais humano, mais fácil de entender e decorar, e é exatamente isso que pretendo fazer aqui.

O primeiro passo já foi dado, já codificamos os símbolos ligados aos 12 signos a suas principais tendências, e o porquê de cada um ter sido simbolizado assim. Agora, precisamos entender o que é cada um desses 12 astros; em seguida, o que seria cada uma das 12 casas; e, por fim, como se comportaria *um determinado astro em um determinado signo dentro de uma determinada casa*. Mas tenho uma solução criativa para solucionar esse problema, e ela é exatamente o motivo de eu ter começado a escrever este livro.

Vamos entender que a carta natal é um sistema, um conjunto distinto de elementos que operam de maneira conjunta, e que o resultado dessas operações, somado ao livre-arbítrio, corresponde à personalidade de uma pessoa. Eu gosto de dar o exemplo a seguir, porque, ao longo dos anos da história da humanidade, a forma como se significou e

---

facilitar nosso diálogo, é propício os chamar assim.
28. Quase todos apresentam 12 possibilidades, a não ser Mercúrio e Vênus, que estão muito próximos do Sol.

tentou interpretar a astrologia mudou muito, e este texto revela a força com a qual se encarava a influência dos astros na personalidade humana:

> Os demônios que estão de prontidão no momento do nascimento, ordenados sob cada uma das estrelas, tomam posse de cada um de nós quando passamos a existir e recebemos uma alma. De momento a momento eles mudam de lugar, e não permanecem na mesma posição por causa do movimento de rotação. Aqueles que penetram através do corpo em duas partes da alma retorcem a alma, cada uma em torno da sua própria energia. Porém, a parte racional da alma permanece sem domínio dos demônios, apropriada para ser um receptáculo para deus [...]. Portanto, com nossos corpos como seus instrumentos, os demônios governam este governo terreno. Hermes chamou este governo de "destino" (passagem do hermetismo citado por MARSHALL, 2006, p. 286).

Mas é importante lembrar que a palavra "demônio" era também usada para "gênio", um tipo de força mágica da natureza, um tipo de protetor em algumas ocasiões, diferentemente da forma como pensamos hoje. Poderíamos dizer "esta menina é geniosa" e estaríamos fazendo uma referência a esse tipo de interpretação. Quer dizer: "ela tem um gênio forte" e, com isso, voltaríamos nessa interpretação, o gênio que opera sobre ela é de índole forte, ou impositiva, por isso sua personalidade é "forte", mais incisiva. Seria uma forma simbólica de descrever essa influência "mágica" dos planetas na nossa personalidade, e se pensar bem, não está tão distante do que queremos, mas vamos dar outra interpretação mais sutil e evitar o termo controverso "demônio".

Há influências distintas dentro da nossa personalidade. Podemos dizer que diferentes astros e signos operam de forma simultânea em sua configuração, gerando uma unidade final. Mas a primeira questão que temos de colocar é que nem todos os astros têm o mesmo peso ou função, alguns são mais evidentes e outros menos. Portanto, para explicar a dinâmica de um mapa astral, eu precisava de algo que simbolizasse um sistema que opera sobre diferentes hierarquias e funções. Para tal, achei que **um Castelo** seria um bom sistema,[29] pois ele é simples, dinâmico,

---

29. Para dizer a verdade, uma vez eu tentava explicar a um grupo de amigos fanático por jogos de RPG e estética medieval como funcionava um mapa, e, depois de muitas explicações falhas, resolvi tentar esta: imaginem que sua personalidade é como um castelo, então o Sol é o Rei e... Bom, funcionou, e várias possibilidades se abriram a partir daí.

e já permeia com facilidade o imaginário de todos, é rico de imagens simbólicas, o que é propício para nós.

II – O SIMBOLISMO DO CASTELO

Posso dizer de forma metafórica que **sua personalidade** é como **um Castelo**, ou seja, que um conjunto de forças variadas opera simultaneamente em você, e o resultado da soma e da luta dessas forças (ou tendências) corresponde ao que chamamos, de maneira moderna, de personalidade.

Há, então, o Castelo que funciona como símbolo para um conjunto ordenado dentro de limites claros. Dentro desse Castelo metafórico do nosso *EU* temos, pois, um conjunto variado de personagens de maior e menor importância, e não só cada um deles está situado em um espaço específico e simbólico desse Castelo (no caso 12 espaços, correspondentes às 12 Casas Astrológicas), como também cada um desses importantes personagens está sob influência de um dos 12 signos, portanto, cada um deles tem um tipo de tendência e comportamento específico.

A melhor forma de começar a explicar é perguntando: quem manda no Castelo? A resposta é simples, mesmo que nem sempre verdadeira. O Rei manda no Castelo, está no comando e corresponde ao Sol. Portanto, o Sol é quem está no comando de sua personalidade, por isso o signo solar é tão evidente e determinante. Mas, obviamente, ele não é o único personagem, e mesmo que em alguns Castelos o Rei esteja no trono, sabemos que outras figuras o influenciam, o manipulam ou o limitam. Limitam sua ação, e isso não é exatamente ruim, alguns reis podem precisar de colaboradores ou incentivadores, mas outros, com certeza, necessitam de limites. O mapa astral é um equilíbrio complexo, parece que cada planeta (cada um desses gênios ou demônios) tem um papel determinante e de importância para a formação humana.

No entanto, não são só os personagens, mas também a posição onde os planetas se encontram em relação à Terra,[30] que nós traduzimos metaforicamente como a posição em que os personagens estão no Castelo, é importante. Parece estranho, mas não é difícil de explicar.

---

30. O que na astrologia aparece como sendo as Casas Astrológicas na Carta Natal.

Imagine um Rei que governa o Castelo a partir da despensa, a partir daquele salão onde estão dispostos todos os recursos necessários para manter a sobrevivência de todo o Castelo, onde estão o trigo e o arroz, os cobertores e a lenha para o inverno que se aproxima, e esse Rei toma todas as suas decisões sempre de dentro desse espaço, levando em conta o que tem e o que não tem. Agora, imagine um Rei que governa o Castelo a partir do Salão de Festas, que vive no Salão de Festas e para o Salão de Festas, e toma todas suas decisões dali. Obviamente, são reis distintos, e, mesmo que tenham o mesmo signo e comportamento, o que os leva a tomar decisões se distingue completamente. O resultado disso são personalidades diferentes, e com isso se torna mais claro entender a forma como cada uma das pessoas, tendo configurações de mapas específicas, toma decisões a partir de premissas distintas e, assim, com base na metáfora, torna-se mais simples entender cada personalidade. Essa é a grande vantagem de pensar e entender a astrologia a partir do símbolo, por sua capacidade de simplificar e condensar significados complexos, e torná-los claros e amplamente inteligíveis para todos.

Mas a verdade é que nós poderíamos ter usado qualquer outro sistema, o Castelo em si é só uma metáfora, um simbolismo propício ao que queremos exemplificar. Poderíamos ter dito, por exemplo, que sua personalidade é como um "parlamento" e cada um dos signos é como um dos diferentes partidos presentes ali; o Sol é nosso primeiro-ministro; Marte é o comandante do exército; e Vênus, nossa Ministra da Cultura. Dizer que partidos distintos representariam os diferentes signos é, na verdade, um ótimo exemplo para explicar a dinâmica dos signos dentro da nossa personalidade. Teríamos partidos mais moderados, apaziguadores e dispostos ao diálogo; partidos mais estruturais, ligados aos recursos e às questões econômicas; partidos mais aguerridos e, também, mais pomposos e arrogantes, e mesmo assim cada um deles seria importante para o resultado final do diferente conjunto de decisões tomadas ali no que definimos como parlamento (ou nossa personalidade). É claro que alguns desses partidos, na maioria dos mapas, não têm um representante. Ou seja, os 12 signos estão sempre ali, em todos os mapas, mas um ou mais partidos podem não ter nenhuma figura (planeta) representante, que lhes poderia dar voz, portanto, não ter a mesma força ou não se manifestar. Em outros casos, alguns partidos são absolutamente povoados de representantes importantes (uma pessoa pode ter vários planetas em um mesmo signo) e se tornam proeminentes no processo de tomada de decisão, mesmo quando o próprio primeiro--ministro pertence a outro partido. Ou seja, mesmo que alguém tenha o Sol em Libra, um conjunto de planetas em Sagitário pode mudar muito o resultado das decisões e dos caminhos tomados ali.

Podemos usar ainda outra metáfora, que pode ajudar a entender e, assim, dizer que nossa personalidade é como uma pequena cidade, na qual o Sol é o Prefeito; Saturno é nosso Juiz; e Júpiter é nosso Professor. Há muitas hipóteses, todas elas corretas na mesma medida que conseguirem, e a partir de seu simbolismo trazer para o universo inteligível o que se pretende expressar ali. Vou abusar um pouco mais dessa pequena cidade para tentar explicar o problema colocado em relação aos diferentes personagens (planetas) dentro da cidade (mapa astral). A questão é que o Juiz de uma cidade pode se opor veementemente ao Prefeito, e legislar contra ele, dar broncas ou puni-lo. E mesmo o Prefeito pode nutrir um profundo respeito pelo Professor da cidade, que o orientou e guiou, e recorrer a ele sempre que precisar tomar uma decisão. E claro, mesmo o Prefeito mais pacato e gentil pode ainda ter um Chefe de Polícia (Marte) esquentado, que perde a cabeça e age deliberadamente quando o clima esquenta e sente que precisa "defender" a cidade. E esse não é o único problema que uma cidade (personalidade) enfrenta, pois mesmo um Prefeito tradicional pode abrigar em sua cidade um arquiteto revolucionário e chocante, e os dois terão de se entender sobre o que será e o que não será construído, a estética final da cidade conta muito também para o que é essa cidade de fato.

A relação entre essas diferentes figuras dentro desse Castelo, ou parlamento, ou cidade não é sempre exatamente harmônica, ela, em geral, apresenta um grande conjunto de conflitos e desafios. Nós tendemos a nos identificar com UM PERSONAGEM, achamos que somos o Prefeito, mas não é verdade, nós, nossa personalidade, é o resultado da ação dessas diferentes forças. Nossa personalidade é aqui representada pela Cidade ou pelo CASTELO. É necessário levar TODOS os personagens em consideração para chegar ao resultado final. O signo solar tem muito peso, o Prefeito é de altíssima importância, mas está, assim como os outros, sujeito a outras forças e outros personagens. Nossa questão agora é explicar exatamente quem são esses personagens e, em seguida, quais são os diferentes setores do Castelo (as diferentes Casas) para que se torne um processo mais dinâmico e óbvio na leitura de um mapa. Espero, desde já, que tudo isso tenha clareado bastante o caminho para quem chegou até aqui.

III – O DILEMA DA PERSONALIDADE

Em primeiro lugar, posso dizer que é difícil imaginar que nossa personalidade pode ser fragmentada, que *quem nós somos* não corresponde a UM, total, indivisível, inquebrável e inquestionável, mas a um conjunto de forças distintas que formam um todo, mais ou menos ordenado. Já foi difícil para a Psicologia se firmar e estabelecer o princípio complexo de que todo ser humano seria composto de duas partes, uma consciente e outra inconsciente, mas parece que essa ideia se tornou clara à sociedade e à cultura ocidental a partir daí. E este ponto é muito importante também para nós, porque falamos de personalidade e comportamento. Dessa forma, seria improvável que a própria astrologia não dialogasse com a Psicologia, adaptando e aprofundando seu discurso tal como essa nova área do conhecimento humano propôs, a partir do século XX. Anteriormente, em outros momentos, alguns dos "fragmentos" negativos seriam creditados a "tentações" ou "demônios" que tomam posse das nossas vontades. É claro que outras ações, as boas, poderiam ser creditadas a bons "espíritos" ou a "anjos da guarda". A ideia do "gênio forte" ou da pessoa "geniosa", influenciada por um gênio que ela não consegue controlar, sempre foi muito popular, mesmo que tendamos a falar sobre isso sem pensar muito no que significa.

A verdade é que cada personalidade nos aparece como um mistério, cada ser humano parece ter uma bem distinta da outra, toma decisões e se comporta de modo diferente mesmo quando exposto a situações semelhantes. O porquê de cada um ser tão único, ter uma personalidade tão diferente é um grande mistério até hoje para a ciência, mistério esse que gera curiosidade, espanto, especulação e, consequentemente, *metáforas* na humanidade há milênios. A astrologia apareceu nesse intervalo como uma das explicações mais assertivas sobre esse mistério e seus porquês. Um mistério tão insolúvel a outras áreas do conhecimento a ponto de ter sido deixado de lado por elas. O que a astrologia propõe é espetacular: conseguir prever alguns comportamentos e traços da personalidade da pessoa sem conhecê-la, simplesmente sabendo sobre a influência de quais "gênios" a personalidade foi formada. E quando dizemos "gênios" aqui, quero dizer em quais signos os astros estavam no momento de seu nascimento. É preciso ter sempre em foco o resultado, que é uma personalidade. Ela é uma forma de responder ao meio e aos outros, um modo de agir e tomar decisões ao longo da vida. Portanto, é muito relevante entender que o que propomos, o que a astrologia propõe, é uma possível solução para o dilema da personalidade. Assim, por meio da astrologia, seria possível afirmar traços definitivos e inquestionáveis da personalidade de cada indivíduo, e esses traços seriam determinados pela posição dos diferentes astros no instante de seu nascimento.

Se alguns ramos do conhecimento, por falta de explicação, pressupõem que a personalidade é uma folha em branco e será formada ao longo da vida de acordo com as experiências e a forma como ela é acolhida e tolhida pela família e pela sociedade, nós na astrologia apresentamos a hipótese de que a personalidade já nasce sob influências, que ela tem em sua formação, em seu nascimento, uma espécie de "impressão digital" gravada, e que essa personalidade é um conjunto de forças potenciais que será ao longo da vida moldada pelo meio, pelas situações. Ora sendo tolhida, ora amplificando, ora se rebelando contra tudo e todos. Por isso, dizemos que um signo como Câncer tende a ser pacato e voltado ao lar e à família, e isso é verdade desde que sua família não seja ou tenha sido ameaçada, pois, se for, ele moverá montanhas para resgatar ou viabilizar um lar e família seguros. Portanto, o meio, a situação, pode determinar em Câncer um segundo comportamento, e isso é verdade em alguns cancerianos, como Júlio César.

IV – OS PERSONAGENS DO CASTELO

Se a Psicologia fala em termos gerais de uma personalidade dupla consciente e inconsciente (mesmo que esse inconsciente represente um conjunto mais amplo de fatores), aqui vamos dividir essa personalidade em, pelo menos, 12 partes. A principal questão que devemos explicar de início é que essas 12 partes não são iguais, não têm força igual, algumas exercem extrema influência e outras são forças menores, mas que podem mudar o rumo do todo em alguns momentos. A metáfora do Castelo nos atende bem, porque o Castelo também é um sistema com hierarquia bem clara e definida. Mas, pense comigo, mesmo que o Rei (o Sol) esteja no comando e tomando decisões, nada impede que uns daqueles personagens menores, quase insignificantes em um momento decisivo de cerco ao Castelo, abram os portões sorrateiramente sem que o Sol (nosso consciente) perceba e deixe seus inimigos adentrarem os muros do Castelo, motivo pelo qual todos os astros precisam, em certa medida, ser considerados.

Incomodava-me em grande medida, ao estudar astrologia, que muitos livros não atribuíssem um tipo de valor a cada astro, que a personalidade ficasse fragmentada, sem que soubéssemos ao certo o peso de cada uma dessas influências. E por mais que sejam várias as influências, reitero sempre que elas têm pesos muito distintos, os quais podem ser traduzidos se necessário como hierarquias, pois nos ajudam a entender e quantificar melhor tais influências. De certa forma, posso dizer que, apesar de fazermos aqui 12 divisões, elas não corresponderão de maneira alguma a 12 partes iguais da personalidade. Em primeiro lugar, afirmo que Sol, Lua e Ascendente, dentro da minha concepção, correspondem a praticamente 50% da sua personalidade, de quem você é. O peso desses três personagens é definitivo, e será ponderado por outros. Sempre repito que, até o século XVIII, a astrologia funcionou muito bem conhecendo os astros visíveis a olho nu, ou seja, indo só até Saturno e, portanto, digo que os cinco primeiros planetas do sistema solar visíveis da Terra: Mercúrio, Vênus, Marte, Júpiter e Saturno, correspondem juntos aos outros quase 40% de sua personalidade. Assim, os últimos quatro personagens somados dão vazão a apenas 10% do seu comportamento, são muito menos influentes. É por isso que vou separar nossos personagens (astros) em grupos distintos para tentar explicá-los melhor.

A força de influência que supomos à astrologia opera de forma semelhante à distribuição de outras forças na Física, tal como a da gravidade, ou seja, devem ser avaliados fatores como a massa de um astro em conjunto com sua distância da Terra. Essa é uma forma propícia de pensar, e mesmo que não possamos dizer que força seria essa exatamente, talvez algum dia alguém possa. Nessa perspectiva, teríamos a força descrita pela massa do primeiro vezes a do segundo, dividida pelo quadrado da distância entre eles. Para que não percamos a noção clara das referências físicas, vou colocar algumas delas aqui.

ASTRO	PESO EM RELAÇÃO À TERRA	DISTÂNCIA MÉDIA DA TERRA EM KM	INFLUÊNCIA
SOL	333 000	149.600.000	44,6824
LUA	0,0123	384 400	0,851800
VÊNUS	0,81	40.200.000	0,005000

Assim, percebemos que embora a massa da Lua seja muito menor que a de outros astros, ela está consideravelmente mais próxima, portanto, atua de forma mais definitiva nos corpos na Terra.

V – AS DIFERENTES HIERARQUIAS DENTRO DO CASTELO

Vamos começar entendendo que os Astros participam de hierarquias diferentes, nas quais eles têm parcelas de forças distintas dentro da nossa personalidade, alguns de forma mais determinante, outros menos. Com a perspectiva da metáfora do Castelo, pretendo separá-los em quatro grupos para poder explicá-los melhor. Sendo assim, temos:

GRUPO 1: OS SOBERANOS (Sol, Lua e Ascendente)
GRUPO 2: OS VASSALOS (Mercúrio, Vênus e Marte)

GRUPO 3: OS CONSELHEIROS (Júpiter e Saturno)
GRUPO 4: OS RENEGADOS (Urano, Netuno, Plutão)

V.I – OS SOBERANOS

Correspondem ao comando do Castelo (personalidade). São os mais determinantes ao comportamento e às decisões de uma pessoa, e influenciam mais na forma de SER dela. Se considerarmos o Castelo como um todo, essas figuras são aquelas que no fundo são as responsáveis pelo comando do local. É, portanto, possível conhecer MUITO sobre alguém simplesmente sabendo o Sol, a Lua e o Ascendente desse indivíduo, e se torna mais fácil entender como ele se move no mundo, o que o impulsiona, que tipo de escolhas faz e por quê. No entanto, mesmo que se possa saber bastante, não sabemos tudo, nem como ele executa essas ideias, como age.

V.II – OS VASSALOS

Essas figuras no Castelo, na personalidade, têm muita importância, talvez não tanto nas decisões da pessoa, mas principalmente na forma como ela se comporta, age, se veste, fala. Os vassalos são muito mais o COMO as coisas acontecem, porque tudo acontece a partir deles. Se não são as figuras que decidem dentro do Castelo, com certeza são as figuras que executam, que prestam serviços, são forças de ação, os meios pelos quais os SOBERANOS têm de se manifestar no mundo. São essas figuras que no fundo escrevem nossos textos, compram nossas roupas, dirigem nosso carro, e assim por diante.

V.III – OS CONSELHEIROS

Essas duas figuras são bem centrais dentro do Castelo, e é preciso avaliá-las com cuidado. Não são elas que decidem ou agem, mas é preciso ter em mente que todo o Castelo nutre um profundo RESPEITO por ambas, e vai tentar agir e decidir tudo, levando-as sempre em conta. Serão consultadas sempre que preciso, e sua opinião será levada em profunda consideração. Mesmo o Rei respeita a autoridade dessas figuras, e ele aceitará (na maioria dos casos) ser podado e limitado pelos conselhos das duas, até onde for possível para ele. Os soberanos do

Castelo também farão o possível para seguir os limites e os conselhos impostos por essas duas figuras.

V.IV – OS RENEGADOS

Estes personagens não participam das decisões, não obedecem ao Rei e também não o aconselham, mas estão ali, dentro do Castelo, e são, cada um em sua medida, poderosos. São figuras que o Rei (que sua consciência) não tem como remover de lá, as quais podem tanto ser incômodas em alguns momentos quanto vir a ser úteis em outros. Certamente, há menos controle sobre eles, e este é um ponto importante, com certeza há menos consciência deles. Ou seja, o signo em que se encontram está presente ali, mas em um formato mais inconsciente, não há clareza sobre a tendência daquele signo e, muito menos, controle. Isso pode fazer com que a energia de um signo em um desses planetas leve a pessoa a fazer coisas que ela mesma não sabe nem controla. A questão é que estão no Castelo, e o Rei e todos os outros ali dentro têm de aprender a lidar e tentar tirar o melhor proveito deles.

PARTE IV – PLANETAS

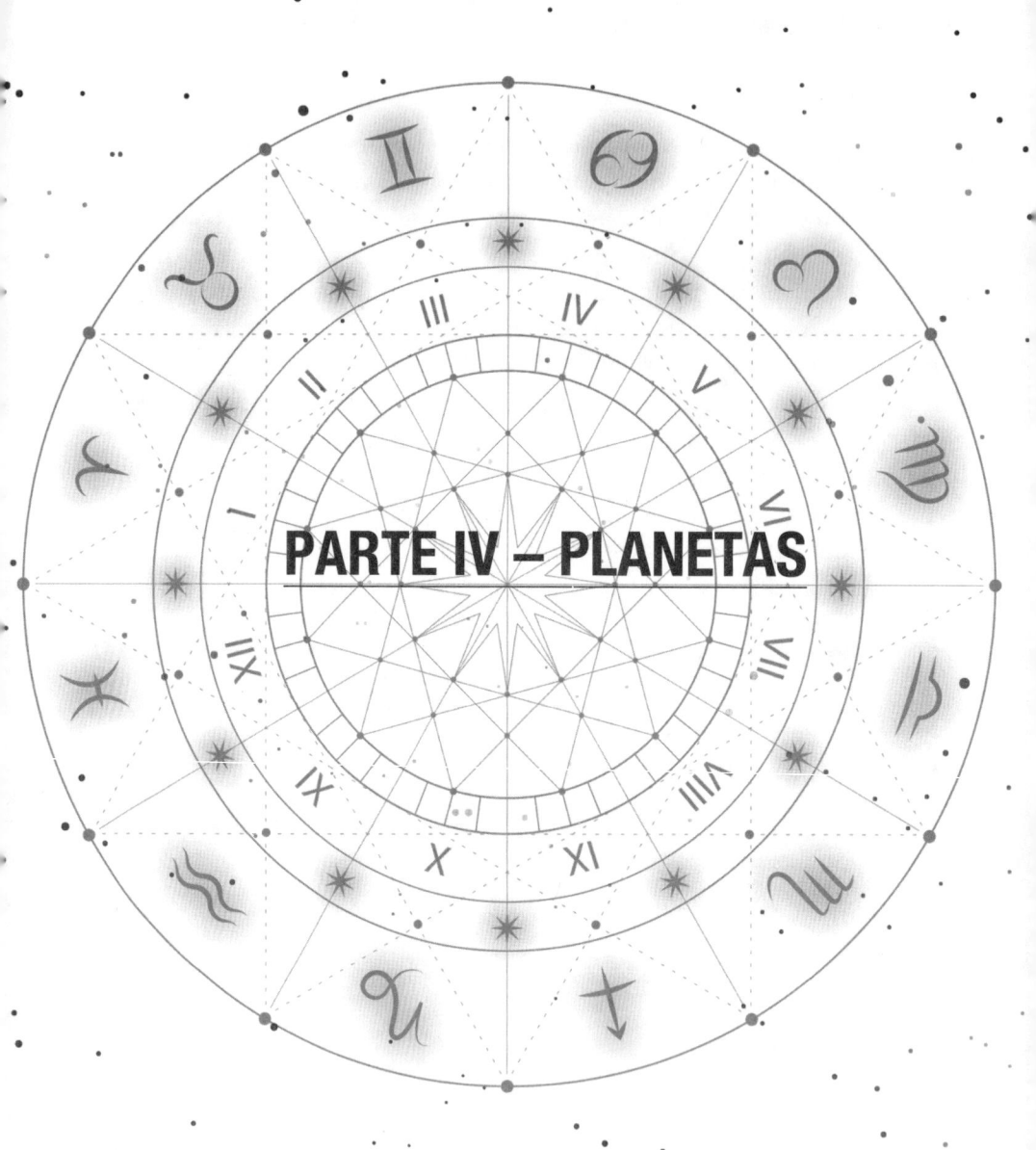

I – O REI (O SOL)

É a figura de maior autoridade dentro do Castelo, aquele que decide absolutamente tudo que deve ou não acontecer. Aquela figura pela qual todas as decisões têm de passar, invariavelmente. O Sol representa nossa consciência, a parte consciente de nós mesmos e de nossas vontades, e é a única figura no Castelo que está preocupada com o destino do todo (Castelo), pois este é de sua própria responsabilidade. Ele é responsável por tudo que vai acontecer ali e terá de responder por tudo. É sua obrigação colocar o Castelo em ordem, funcionando, e decidir que direção deve tomar.

O Sol também poderia ser expresso simbolicamente como o Prefeito de uma pequena cidade que represente nossa personalidade, a figura que precisa conectar todas as diferentes áreas ali e fazer com que ajam de forma coesa. É ele quem decide para qual setor ou personagem irá mais ou menos verba, e isso corresponde ao seu tempo e à dedicação pessoal, que são sempre limitados. A existência tem seus limites. O Sol poderia igualmente ser expresso como um Primeiro-Ministro, dentro de um parlamento. Aquela figura de maior autoridade que ou assumirá todo o controle, ou terá de coordenar as diferentes vontades de outras figuras ali de partidos distintos, para que todo o parlamento (sua personalidade) não caia em ruína.

É importante perceber que o Sol tira o melhor proveito possível do signo em que se encontra, ou seja, todos os talentos e as habilidades daquele signo serão usados e revertidos absolutamente a seu próprio favor, sempre que isso for possível. O Sol em um signo pode, portanto, diferir muito de outros astros que não possuem essa consciência de suas habilidades. Por exemplo: um Sol em Libra não será só diplomático e educado, ele saberá também usar tais qualidades para seu benefício pessoal, não apenas da forma ideal. Um Sol em Libra pode ser incrivelmente persuasivo e ter uma ótima lábia, e usar isso para ganhos pessoais não necessariamente nobres. Há algo de muito "pessoal" no Sol, ele marca sua individualidade porque o "Rei" sabe que tem de manter a sua personalidade, que deve legislar em causa própria, que seu crescimento é individual; e é possível que esteja em "guerra" com outros Castelos e outros "reis" por sua própria sobrevivência.

O signo onde o Sol se encontra vai revelar que tipo de Rei será este, que tipo de consciência terá, como toma decisões e como comanda o Castelo.

Um Sol em Fogo tomará decisões baseadas exclusivamente no que ele quer, em suas vontades e impulsos dos quais tem uma forte consciência.

Um Sol em Terra tomará decisões baseadas na realidade, nos seus recursos e tempos disponíveis, tendo em vista aonde pode chegar, e como pode ser mais produtivo e eficiente.

Um Sol em Ar tentará sempre tomar decisões ideais, que são para ele perfeitas e revelam o melhor resultado que se pode imaginar, mesmo que muitas sejam absolutamente inatingíveis a ele e a sua realidade. Seu processo de decisão permanece muitas vezes em aberto, em constante formação, sem determinação.

Um Sol em Água toma decisões baseadas naquilo que sente, e em seus instintos, tem uma forte consciência daquilo que sente, e visa proteger a si e àqueles de que gosta.

O Rei de Áries é a exaltação do Sol, porque toma decisões com muita facilidade, é rápido em afirmar o que quer e está amplamente disposto a movimentar todo o Castelo em direção de suas vontades. Tem uma forte consciência do que deseja e não gosta de perder tempo. Tem facilidade em assumir a autoridade, mas é esquentado e tudo pode ser motivo para se armar ou atacar. Tem uma índole ousada e aguerrida.	O Rei de Libra é a queda do Sol, pois o Rei pondera excessivamente para decidir. Pode ficar no meio do caminho e não dar um comando, levando em consideração aquilo que acredita ser o ideal, aquilo que todos decidiriam se pudessem, por isso tende a pedir muitas opiniões a outros reis. Evita conflitos externos e tem tendência a apaziguar, não gosta de dar ordens e é muito influenciado pelas opiniões externas, podendo mudar de ideia. Visa sempre à perfeição absoluta.
O Rei de Touro é, de longe, o menos diplomático deles, sua vontade é suprema, e sabe muito bem o que quer, mesmo que demore bastante para decidir; após o fazer, dificilmente volta atrás, sejam quais forem as consequências. Sempre pensa no seu conforto e prazeres em primeiro lugar. Quer sempre ganhar algo e não admite perder nem abrir mão de nada. Olha para o mundo de forma realista e materialista.	O Rei de Escorpião é reservado, odeia se expor e tende a ser reflexivo. Não aceita ser pressionado e não gosta de fazer acordos. É pouco diplomático, muito direto e verdadeiro. É bastante observador e toma decisões com base no que sente, segue seus instintos. Coloca o Castelo armado e sob prontidão, sempre pronto a enfrentar qualquer situação ou adversidade; é amplamente desconfiado e está sempre disposto a sacrificar tudo para chegar a seus objetivos.
O Rei de Gêmeos gosta de avaliar bem todas as suas opções, mas odeia ter de decidir entre elas, prefere manter várias possibilidades em aberto e, se possível, explorar cada uma. Gosta de estar bem informado e conectado, e se atualiza sobre o mundo com bastante frequência. Toma decisões racionais e muitas vezes frias que podem beneficiar seu Castelo de imediato.	O Rei de Sagitário odeia prestar contas e se explicar. Como rei, ele quer fazer o que quiser, a hora que quiser e como quiser. Odeia qualquer tipo de limite externo ou imposição à sua vontade. Tem certa dificuldade de se comprometer, deixa algumas questões em aberto ou rompe alguns contratos por não querer nem mesmo que suas próprias decisões possam limitar sua vontade.

O Rei de Câncer é pacato e reservado. Se puder, tende a ser amável e prefere não se arriscar fora do absolutamente necessário. Apega-se emocionalmente a coisas, lugares e pessoas, é emocional e tende a agir sempre de forma indireta. Nunca diz exatamente o que quer e o que fará. Tem uma tendência a proteger suas origens, amores e família, mas se estes forem ameaçados, deixará de ser pacato.	O Rei de Capricórnio é sério, extremamente responsável e eficiente. Trabalha constantemente para que o Castelo prospere e dê bons resultados. Tem alto poder de dedicação e avaliará todas as suas decisões de forma objetiva e realista, pensando no que pode ganhar e perder, e quanto tempo e recursos vai investir. Toma decisões muito conscientes, e quer sempre crescer e prosperar. É sério e rígido, consigo mesmo e com o resto do Castelo.
O Rei de Leão é o trono do Sol, aquele signo que mais se identifica com o arquétipo do rei. Leão é um hábil governante, tem absoluta facilidade em dar ordens e expressar suas vontades. É autoritário, mas possui amplas habilidades de levar os outros a fazerem o que ele quer, seja com gentilezas, seja com presentes ou seus encantos. Sabe muito bem quais são suas vontades e expressa com maestria sua realeza. Está disposto a tudo para fazer seu Castelo prosperar e se destacar. Pensa sempre primeiro em si mesmo.	O Rei de Aquário é o exílio do Sol, exatamente porque Aquário não se identifica com o Rei, ele é em todos os pontos de vista um democrata. Um Rei que toma decisões visando ao coletivo, buscando o acordo, e o que seria ideal e melhor para todos. Tem dificuldade de discernir entre sua vontade pessoal e a do todo. É rigoroso e pode ter ideias radicais que fazem o Castelo seguir sem restrições, visa em todas as suas decisões a um tipo de liberdade e igualdade utópicas.
O Rei de Virgem é aquele cheio de planos e planejamentos, tudo tem de estar bastante estruturado, porque é muito importante para ele que tudo corra perfeitamente, que tudo no Castelo funcione bem. Está sempre pensando em todos os detalhes para que nada nunca dê errado, e adora seguir um manual de condutas que lhe propicie maior resultado na vida. Tem grande satisfação em que o Castelo seja útil e consiga ser produtivo. Tende a ser colaborativo e prestativo, mas não é autoritário e prefere delegar decisões, se puder.	O Rei de Peixes é intuitivo e sensível aos outros, tem grande disposição em ajudar e não gosta de exercer autoridade nem agressividade. É místico e sensível e acredita ter um papel, um destino junto ao universo que tem obrigação de cumprir. Tende a evitar decisões com medo de que elas o desviem do destino que o cosmos ofereceu a ele. É amplamente intuitivo e, por isso, sua consciência pode perceber coisas que outros não veem, mas em outros momentos confunde fantasia com realidade.

II – A RAINHA (A LUA)

Se o Sol (Rei) representa a governança de nossa consciência, a Lua, na qualidade de Rainha, governa um espaço ainda mais complexo dentro do Castelo, nosso inconsciente – uma ala de governança da qual temos menos controle, que é mais instintiva e emocional, mas obviamente não menos importante. A Lua representa, entre muitas coisas, o fluxo de nossos sentimentos; o signo presente nela no nosso nascimento mostrará como lidamos e nos conectamos com eles.

Luas em Fogo tendem a ser sentimentalmente explosivas, não conseguem conter o que sentem e precisam colocar isso para fora de alguma forma, extravasar. Tendem a ser muito diretas, e ter uma forte consciência de seus sentimentos e de suas vontades.

Luas em Terra são mais secas e objetivas em relação a seus sentimentos, guardam muitos deles para si, e tendem a tentar conter e controlar aquilo que sentem. Têm um forte desejo de construir e concretizar.

Luas em Ar têm sentimentos "em aberto"; sempre que o Ar aparece há algo em aberto, em formação e sem definição. Nesse caso, são pessoas que não sabem ao certo o que sentem, pois os sentimentos mudam de maneira drástica ou nunca se formam totalmente. Há algo de profundamente irracional em grande parte do que se sente, e os civilizados signos de Ar, muitas vezes, preferem fugir dessa corrente primitiva de seu próprio ser, idealizando aquilo que deveriam sentir e se desconectando daquilo que sentem de fato.

Luas em Água, por outro lado, simplesmente permitem que os sentimentos tomem seu curso, deixam que fluam tal como aparecem e se permitem sentir absolutamente tudo sem se opor a nada e, muitas vezes, sem expressar nada disso abertamente. São absolutamente conectadas com tudo aquilo que sentem.

Diferentemente do Sol, a Lua nem sempre representa uma habilidade consciente da qual nos beneficiamos, ela representa mais um DESEJO, algo que almejamos desesperadamente que parece nos completar, mas que nem sempre assumimos em nós mesmos. Esse fato é muito importante, porque é esse desejo a ser suprido que move o Castelo, que o faz sair de qualquer zona de conforto e se movimentar no mundo em busca de algo. A Lua não é só o que sentimos, mas principalmente aquilo que nos move, que nos motiva; portanto, aquilo que nos dá sentido e propósito. Ela poderia ser bem descrita como guardiã de nossas pulsões fundamentais.

Como a Lua revela nosso fluxo de sentimentos e nossos desejos, claramente também nos diz sobre nossos laços afetivos, pois é ela, a Rainha, e não o Sol, quem cria e cultiva laços afetivos verdadeiros, porque é exatamente para ela que falta algo. É ela, a Lua, que busca algo que a supra no mundo, no outro. Nosso laço afetivo mais primordial é, sem dúvida, a mãe, e, portanto, sim, a Lua falará tanto da nossa relação com nossas mães e pais quanto nos dirá sobre quais princípios criaremos nossos próprios laços afetivos para com nossos filhos. É por isso que em tantos livros e textos a Lua é caracterizada como "a mãe", algo que evito, pois restringe em absoluto o que ela é. Porque a Lua é quem se apaixona, busca no outro uma parceria, e é ela, muito mais que o Sol, quem nos dirá sobre os relacionamentos e as paixões. Há, para mim, muito mais na Lua do que em qualquer outro planeta uma vontade verdadeira de trabalhar para construir e manter, se possível, todo tipo de laço afetivo. Muitas das ações que ela desencadeia não são de todo conscientes ou pensadas, mas visam a esse objetivo. Dá para ter uma ideia melhor da dimensão e importância da Lua para a vida de qualquer pessoa, se pensarmos por essa perspectiva.

É importante entender que talvez o Rei (Sol), governando o Castelo, decida sobre todas as suas direções, mas ele o faz tentando atender a todas as expectativas e aos desejos da Rainha (Lua), se não o Castelo, o todo de sua personalidade, cai em depressão e, consequentemente, em ruína. Portanto, mesmo que o Sol governe, o faz segundo os desejos da Lua, e só aí já há um complexo jogo a ser equilibrado que divide fortemente a personalidade da pessoa. É possível, por exemplo, amar alguém, mas decidir não ficar junto mesmo assim, em um processo de cisão interna, ou abandonar uma convicção e ceder por gostar de alguém. A relação Sol e Lua poderia ser descrita como a relação do Ego com o Id e a dificuldade de integrar os dois em um todo coeso.

A Rainha de Áries é impetuosa, expressa seus sentimentos de forma direta e pode se irritar com feracidade. Tem um forte desejo por ação e movimento, busca fazer atividades físicas e esportes, e pode gostar de competir. É calorosa, mas independente, e não gosta de relações que a privem de sua individualidade.	A Rainha de Libra busca relações afetivas perfeitas, é extremamente colaborativa e gosta de ter companhia e parceria para tudo na vida. Tende a ser bem sociável, vaidosa e educada. Mas tem dificuldade em lidar com problemas e imperfeições nos sentimentos e nas relações afetivas. Pode estar sempre indecisa sobre o que sente e sobre a relação perfeita que pretende ter.
A Rainha de Touro está exaltada, é calma e paciente, não se apressa sentimentalmente, sabe que relacionamentos precisam de tempo para dar frutos. Busca ter certezas e constâncias emocionais em suas relações afetivas. Pode ser muito apegada emocionalmente ao outro e incrivelmente protetora e ciumenta. É bem restritiva com quem se relaciona e se abre. Seus sentimentos são estáveis e constantes.	A Rainha de Escorpião é afetivamente desconfiada, na mesma medida que é intensa em seus sentimentos. Sabe exatamente o que sente e qual a profundidade de seus sentimentos, por isso teme perder aqueles que ama e visa protegê-los, tanto dos outros como muitas vezes de si mesma. É muito apegada e tende a vigiar atentamente aqueles que ama. Tem um forte desejo por intensidade e profundidade, tem uma atração pelo perigo.
A Rainha de Gêmeos é muito aberta e comunicativa, faz poucas restrições sobre seus laços afetivos, mas é inconstante, tem muita dificuldade de saber ao certo o que sente e por quem. Tem uma forte necessidade de novidades, e de conhecer e interagir com pessoas novas. Os sentimentos nunca se definem completamente, pode achar que ama uma pessoa e no dia seguinte sentir que a odeia.	A Rainha de Sagitário é alegre e divertida, intrépida. Tem um forte desejo por aventura e liberdade, uma imensa vontade de ultrapassar limites. Odeia a ideia de ser limitada por suas relações afetivas e família. Tende a ser independente e gosta de se relacionar com pessoas dispostas a se aventurar no mundo. Pode se atrair inconscientemente por pessoas de outras cidades ou países, pelo simples fato de que essa relação a levará a transpor seus limites originais.

A Rainha de Câncer está no trono. Em geral, representa pessoas muito sensíveis e com muita disposição de criar laços afetivos verdadeiros; elas sabem bem o que sentem e têm forte apreço pela vida e por todos os que amam. São capazes de fazer muitos sacrifícios pessoais para o bem-estar do outro, e têm um forte desejo de cuidar e nutrir. Dessa forma, são muito incomuns em pessoas "ruins", pois seu instinto mais fundamental é o de cuidar.	A Rainha de Capricórnio é muito fria e extremamente seletiva, há uma forte vontade de constituir uma relação produtiva e segura, por isso age com cautela e de forma bem calculista com seus sentimentos e relações afetivas. É capaz de reprimir seus próprios sentimentos se achar que a relação pode não ser proveitosa ou segura em longo prazo. Busca relações bem tradicionais e odeia ter de revelar o que sente.
A Rainha de Leão é vaidosa, gosta de atenção, busca reconhecimento e aplausos, se puder. Sente-se emocionalmente confortável, se for apreciada e valorizada. É calorosa e sociável, e abusa do charme sempre que pode. Tende a agir de forma que gostem dela ou a admirem. Tem clareza dos seus desejos e sentimentos, e tende a ser franca em relação a estes. Não gosta de ser limitada emocionalmente ou em relações, preza por sua individualidade.	A Rainha de Aquário é extremamente social e envolvida com as amizades e causas de sua sociedade. Tem grande desejo de participar e de ser capaz de fazer a diferença de forma positiva para o mundo. Mas há certa indefinição dos sentimentos, e um verdadeiro medo deles, de sua forma irracional e não civilizada. Um medo de ser arrastada por um fluxo não utópico e positivo de sentimentos leva essa rainha a se afastar daquelas coisas às quais se sente apegada para provar para si mesma que pode superá-los.
A Rainha de Virgem é zelosa, preocupa-se excessivamente com suas relações afetivas, procura atender às demandas materiais de forma criteriosa. Gosta de ter constância em suas emoções e relações afetivas e, por isso, age de maneira ponderada e restritiva. Guarda e analisa suas emoções com cuidado, buscando suas falhas e as do outro. Tem uma tendência mais reservada em relação aos sentimentos e sabe esperar o tempo certo para que tudo dê frutos.	A Rainha de Peixes é muito sensível e suscetível, capaz de se sacrificar para ajudar os outros e a mergulhar profundamente em seus sentimentos, sem colocar critérios e barreiras para suas relações afetivas. Há um forte desejo de seguir seu destino ou de achar um propósito espiritual ou altruísta para sua vida. Gosta de ajudar os demais e não faz restrições ou imposições em suas relações afetivas.

III – O EMBAIXADOR (ASCENDENTE)

O Ascendente é o signo que ascende (se levanta) no horizonte a Leste, no momento do nascimento de uma pessoa. Ele representa o alinhamento da Terra no horizonte com os signos. Portanto, na minha perspectiva (e defendo bastante isso), parece representar a própria Terra. Daí, teríamos as três figuras principais da personalidade definidas pelos nossos três astros principais – Sol, Lua e Terra.

Trabalhamos aqui dentro da perspectiva da metáfora, e há mais de uma para o ascendente para tentar explicá-lo. Só que, na tentativa de dar coerência simbólica ao Castelo, vou preferir dizer que o ascendente é um tipo de Embaixador deste; ele representa o Castelo para o mundo externo, fala em nome do todo de nossa personalidade. Pode parecer estranho fragmentar tanto assim uma personalidade, mas é propício a ela que possa se apresentar sem ter de se revelar completamente; que exista essa figura intermediária, a qual sonda e analisa as novas situações para garantir que são seguras antes de se expor totalmente, e é exatamente o ascendente que cumpre essa função.

O ascendente, na qualidade de Embaixador, é como nos apresentamos ao mundo, como preferimos ser representados e vistos. A impressão que as pessoas têm de nós tem muito mais a ver com o Embaixador (ascendente) do que com o Sol (Rei). Digo a meus alunos que é muito mais fácil fazer projeções assertivas sobre o ascendente do que sobre o Sol, por um fato simples: o Rei pode se esconder, ele pode não querer se mostrar nem se revelar para o mundo, para o outro. Mas o ascendente não, ele não tem essa escolha, ele tem de se manifestar, tem de se mostrar, por isso se torna tão visível e perceptivo em uma personalidade e, assim, também previsível.

No entanto, mostrar-se e apresentar-se não são suas únicas funções, ele é mais que isso. Há outra metáfora possível: como conexão com o mundo, o ascendente indica como vamos para ele, portanto, também se refere ao tipo de caminho que escolhemos e à forma como o trilhamos. Mesmo que o Embaixador (ascendente) responda aos comandos do Rei, possui certa autonomia para se apresentar e trilhar, já que está por conta própria na maioria dos casos por estar fora do Castelo. É ele quem abre espaços, direciona-se e percorre os caminhos da nossa vida.

É necessário entender que o Rei (Sol) toma decisões baseadas nas informações e na visão de mundo que o Embaixador (ascendente) lhe confere, esta pode variar de otimista a pessimista, de arrogante a desconfiada, e assim por diante.

Um Ascendente em Fogo tende a ter uma postura mais competitiva e agressiva em relação ao mundo, sabe se impor e se apresenta de forma confiante, avalia o mundo segundo suas vontades e ímpetos pessoais, e, portanto, está bem focado em si mesmo e em seus resultados no mundo.

Um Ascendente em Terra olha para o mundo de forma realista, o avalia não pelo que poderia ser, ou pelo que esconde, nem mesmo pelo que ele próprio gostaria, mas por aquilo que ali se revela e está a seu alcance. Tende a ser cauteloso em suas aproximações e discreto, visa sempre adquirir ou realizar algo no mundo, tende a ser muito eficiente em sua vida. Gosta de ordem.

Um ascendente em Ar tem uma visão idealista do mundo, não olha para ele como é, mas, sim, como poderia ser, buscando sua perfeição (segundo seus próprios parâmetros). Tem uma intenção colaborativa de agir no mundo e seu caminho está sempre em aberto, em formação, isto é, sem definição. Tende a se frustrar muito com a imperfeição do mundo quando se depara com ela e, também, com a incapacidade de realizar seus ideais.

Um Ascendente em Água é sensível, não idealiza o mundo, simplesmente está em aberto, sem defesas claras, deixa que o mundo revele sua natureza e busca nele um sentido, um significado. Como é bastante sensível e impõe poucos limites pessoais, tende a sofrer com as ações dos outros, permitindo que mostrem sua natureza. Tem uma visão mais mística do mundo, buscando nele significado.

O Embaixador de Áries não gosta de perder tempo, acredita que se esperar os outros nunca fará nada, prefere tomar a iniciativa ou agir por conta própria. É competitivo e vê o mundo como um desafio, no qual deve mostrar sua capacidade e valor. Mas é também impaciente em sua busca e imediatista, nem sempre percebe aquilo que está ao seu redor, pois está muito focado em seus objetivos pessoais.	O Embaixador de Libra é um idealista, busca no mundo o máximo de beleza e harmonia, bem como tem certo horror à imperfeição. Quer sempre trilhar um caminho perfeito e pode passar muito tempo ponderando sobre qual este seria, por isso tende a parecer indeciso. Mas logo que percebe o caminho e conduta ideal (para si), não tem nenhuma dúvida de sua trajetória. É colaborativo e gosta de fazer parcerias, de agir em conjunto com outros visando a um mundo ideal.
O Embaixador de Touro é ponderado, nunca age por impulso e odeia ser apressado; fará tudo no seu tempo, com calma e cautela (não gosta de se arriscar desnecessariamente). Escolhe seu caminho com paciência, e o segue obstinado até o final; visa ter o máximo de eficiência em suas ações. É discreto e restritivo, com uma visão muito realista do mundo em um nível pessoal e material, ou seja, capaz de perceber nele sabores e cheiros, texturas incomuns para outros.	O Embaixador de Escorpião é extremamente desconfiado e, ao mesmo tempo, curioso com o mundo e a ação das pessoas. É imensamente sensível a todas as ações ao seu redor, capaz de notar detalhes do comportamento dos outros que revelam suas intenções. Odeia se expor desnecessariamente e prefere passar despercebido sempre que pode. Aceita desafios, e tem atração por caminhos difíceis e obscuros.
O Embaixador de Gêmeos é deveras curioso, quer saber tudo sobre o mundo, e se frustra de não ser capaz de abrir todas as portas que ele lhe oferece para ver todas as suas opções. Tudo que é novo e desconhecido o instiga, e se parece indeciso, não é verdade; ele simplesmente quer seguir todos os diferentes caminhos ao mesmo tempo, odeia ter de escolher e abdicar de uma opção. É sociável e bastante comunicativo.	O Embaixador de Sagitário odeia limites, o mundo é um desafio para ele, que pretende ultrapassar o máximo de limites possível, muitas vezes por satisfação, outras simplesmente para provar que é capaz. Não gosta de seguir regras ou padrões, e ama a liberdade, espaços abertos e desconhecidos. É um intrépido aventureiro, um grande explorador, sempre disposto a embarcar em uma nova aventura ousada e desafiadora.

O Embaixador de Câncer é muito sensível ao mundo, se afeta emocionalmente com muitas das ações ao seu redor e se comove com facilidade, sem conseguir controlar com clareza esse fluxo de sensações. Por conta disso, tende a ser muito tímido e reservado, visando se expor pouco. Tem uma visão bem romântica e poética do mundo, decifrando significados ocultos a muitos outros. Seu excesso de sensibilidade faz com que evite se colocar em situações que possam machucá-lo. Tem uma forte tendência poética e amável para com os outros.	O Embaixador de Capricórnio odeia perder tempo no mundo, é muito sério e comprometido com seus objetivos. Gosta e se orgulha profundamente de ser eficiente e ter resultados concretos de suas ações no mundo, por isso tende a ser organizado, odeia atrasos e imprevistos. Não se expõe de forma desnecessária, e é bem crítico e restritivo em relação a quem se envolve e aos lugares que frequenta. Acredita que tem uma obrigação para com o mundo em termos de resultado e assume responsabilidades sempre que pode. Tende a ter sempre um objetivo muito bem traçado e a se empenhar com afinco no que se propõe.
O Embaixador de Leão esbanja ousadia e confiança, tem grande necessidade de ser notado e tratado como uma figura especial e diferenciada das demais. É incisivo e expansivo, e tem uma postura arrogante em relação ao mundo. Tem um jeito altivo e glamoroso, e transborda charme e brilho por onde passa. Entende-se e vê a si mesmo como alguém de extrema importância, por isso se preocupa excessivamente com sua aparência e ações. Tem uma postura competitiva e sedutora.	O Embaixador de Aquário é um forte idealista que busca um mundo perfeito e cooperativo, e se frustra e se indigna constantemente com a falta de cooperação das pessoas para com seus objetivos. É um grande utopista, cheio de ideias fantásticas que fariam do mundo um lugar bem melhor. Tem uma forte tendência intelectual, gosta de se informar e de ler, buscando não só o aperfeiçoamento do mundo e da humanidade, mas também o seu próprio. Busca no mundo situações e caminhos perfeitos e justos, e se frustra violentamente com a realidade que tende a encontrar. Costuma ter uma postura exótica, não convencional e muito questionadora,

O Embaixador de Virgem tende a ter uma postura mais humilde em relação ao mundo, sabe que tudo demanda um longo trabalho e dedicação, e está disposto a encarar e se preparar para longos desafios. Tende a se planejar com cuidado para todas as suas novas ações, é minucioso e detalhista na forma que trilha seu caminho, não gosta de deslizes e imprevistos. Tende a se apresentar de forma mais discreta e pode não gostar de se destacar dos demais, mas tem uma postura muito crítica em relação ao mundo e uma visão muito realista dele. Qualquer coisa que foge ao combinado ou ao cronograma pode o incomodar bastante.	O Embaixador de Peixes é muito sensível e tem poucas defesas em relação ao mundo, comove-se com facilidade com tudo, e se envolve e se deixa levar por um conjunto muito amplo de ações, pessoas e situações. É comum que tenha dificuldade de se opor ao que o mundo lhe apresenta, por isso acaba sendo levado e absorvido pelo meio onde está inserido. Por isso, é hábil em mudar de forma a se apresentar em diferentes formatos, de acordo com o meio em que está. Tende a ter uma visão espiritual do mundo e acredita que deva seguir seu curso sem se esforçar demais, de modo que encontre o destino que o universo preparou para ele. Afeta-se emocionalmente com facilidade e muda de humor por conta disso. Tende a ser ou se sentir magoado com as pessoas e situações.

IV – O SECRETÁRIO (MERCÚRIO)

Na metáfora do Castelo, Mercúrio pode ser facilmente simbolizado como o Secretário do Rei, o Secretário-geral do Castelo. Esse planeta sempre foi associado na astrologia ao intelecto e à comunicação. É evidente que algo da nossa parte racional se associa a Mercúrio e, consecutivamente, ao signo no qual ele se encontra, e esse signo acaba se tornando bem evidente às demais pessoas por esse motivo. A importância desse astro dentro da estrutura da personalidade é grande, não é difícil de imaginar que a figura responsável pela comunicação, que tem em mãos todas as informações do "Castelo", não acabe tendo um grande poder e capacidade de influência dentro dele.

A função de Mercúrio é organizar para o Rei todas as informações, separar aquilo que é mais importante daquilo que é irrelevante, formatar ideias e escrever os discursos do Rei. Um Mercúrio pode, então, potencializar a capacidade de decisão do rei ou até atrapalhá-la. Uma ótima dica é que é fácil identificar o Mercúrio de alguém quando essa pessoa se dispõe a escrever. Por isso costumamos recorrer aos grandes escritores da história quando vamos explicar Mercúrio, pois os temas, os estilos e as formas com os quais expõem suas ideias estão muito relacionados ao signo no qual Mercúrio se encontra. Mercúrio não está só presente no formato do texto, claro, é a organização do pensamento, portanto, a fala também se refere a Mercúrio, mas no texto talvez seja onde é mais fácil identificar suas particularidades individuais.

Um Mercúrio em Fogo, enquanto escritor e orador, é destemido e eloquente, tem facilidade em se colocar, e é competitivo na fala e no intelecto. Gosta de temas e falas grandiosas, e pode se frustrar com a realidade, achar que ela é pouco e preferir temas que superem o real, que o ultrapassem, tais como fantasias e ficções. São indivíduos muito criativos. Tendem a falar de improviso e ser impacientes para esperar os outros para se expressarem.

Os Mercúrios em Terra são mais contidos, extremamente objetivos na sua fala, odeiam dar volta e costumam falar só o necessário. Tendem a segurar e processar com mais cuidado tudo que vão falar ou escrever muito antes de colocar para fora; são, portanto, cautelosos. Tendem a revisar muito tudo que vão mostrar para outro e são bem rigorosos com a comunicação. Visam à sua maior eficiência e respeitam suas regras. Tendem a gostar de temas que revelem a realidade, o cotidiano e podem ser mais secos, nem sempre gostam de metáforas ou temas muito abstratos.

Os Mercúrios em Ar são muito abertos, pensam várias coisas ao mesmo tempo, e tendem a se expressar livremente, muitas vezes conversam só pelo prazer de conversar, de se expressar, como se não houvesse nenhuma pressa ou outra atividade mais fundamental ao homem. Tendem a não serem objetivos em sua fala e pulam livremente de um tema para o outro sem, muitas vezes, completar o primeiro raciocínio. É comum que no meio de uma longa fala esqueçam totalmente por que a começaram. Adoram temas abstratos, sociais, morais e éticos. São bem hábeis com as palavras e as usam em profusão, e muitas vezes preferem escrever de forma alegórica, sem atacar um tema de maneira específica, mas criando uma síntese que possa universalizar situações e dramas humanos.

O Mercúrio em Água é um tanto mais indireto, trata-se de pessoas que escutam bastante e, às vezes, falam pouco, capazes de absorver e decifrar muito do significado do mundo ao seu redor. Comovem-se com facilidade com outras histórias e tendem a ser sensíveis. Nos escritores, eles têm uma forte tendência poética, falam principalmente por metáfora, sem preocupação em ser absolutamente entendidos, e possuem uma predileção pelo símbolo e pelo enigma. Não se preocupam com o que foi dito a eles, mas principalmente com "a intenção" e o "sentido oculto" de tudo aquilo que é falado, o que as palavras revelam no seu interior. Da mesma forma, não têm preocupação com nenhuma formalidade na fala, mas na capacidade de ela expressar aquilo que desejam, podendo não se preocupar com pontuações ou parágrafos em muitos casos.

O Secretário de Áries é destemido, sabe elevar sua voz e se colocar, afirmar seu ponto de vista. É competitivo dentro deste espaço, e tende a ser eloquente e dramático ao se expressar. Sua fala é capaz de encantar ou intimidar a todos. Mas é, também, impaciente e explosivo nas palavras, responde rapidamente e muitas vezes sem refletir. Gosta de ser o primeiro a se expressar. Tende a se encantar por temas fantásticos e bélicos, e é muito imaginativo.	O Secretário de Libra é extremamente educado e hábil com as palavras, escolhe com cuidado o que vai dizer e como, mas adora conversar livremente. Tem uma predileção por temas éticos e morais, e forte capacidade de abstrair temas. Tende a não ser objetivo, e a conversa pula de um lugar para o outro, sem nem sempre chegar a uma conclusão clara. Também tende a evitar afirmar abertamente qualquer conclusão pessoal, tentando levar os outros a dizerem ou concordarem com algo que ele nem sempre expressou.

O Secretário de Touro é cauteloso e não se expressa até ter certeza absoluta daquilo que pretende comunicar. Tende a revisar todas as suas informações de forma a digeri-las sem pressa antes de se manifestar. Gosta de ser objetivo e tende a ser razoável. Tem a capacidade de se dedicar durante muito tempo em um único tema, e é bem persistente sobre o ponto a que quer chegar. No entanto, uma vez tomada uma conclusão, dificilmente ele volta atrás. Gosta de temas longos e clássicos, e se esforça para tornar a literatura próxima do plausível e do real usando referências reais.	O Secretário de Escorpião é amplamente desconfiado e atento a tudo que é dito. Não deixa escapar nenhuma palavra e é capaz de captar várias coisas que não foram ditas abertamente, revelando as intenções dos outros. É alguém muito difícil de enganar e tende a ser muito estratégico com o que vai falar, agindo com cautela para não se revelar completamente ou para causar um efeito subliminar nos outros. É muito concentrado e pode decifrar questões complexas por conta própria. Tem uma predileção por mistérios e temas mais fortes. Pode ser assustadoramente verdadeiro em suas opiniões pouco educadas e diretas.
O Secretário de Gêmeos está em seu trono, é bastante hábil com as palavras e muito rápido para argumentar. Sempre atento e amplamente informado, consegue descarregar uma quantidade enorme de informações diferentes em seus argumentos. Faz conexões muito rápidas e é ávido por novidades, mas se não se mantiver atento se perde com esse imenso volume, não é muito conhecido por digerir ou fazer sínteses sobre esses temas. Mas são habilidosos escritores e oradores que brincam com as palavras e gostam de confundir por diversão.	O Secretário de Sagitário tende a falar o que quer, na hora que quer, sem se preocupar muito com a reação dos outros. Tende a ser prolixo, e não tem medo de exagerar na argumentação e na fala. Odeia ser tolhido, é muito autoconfiante e curioso. Tem uma forte necessidade de se expressar e gosta de gastar essa energia. Muitos secretários de Sagitário geram escritores que não economizam nem página nem imaginação. É comum que tenham uma cultura geral ampla, fruto dessa mente que não suporta limites e gosta de se aventurar em lugares inexplorados.

O Secretário de Câncer é tímido e introspectivo, muito romântico e sensível. Muitas vezes, prefere não se expressar abertamente, mas é comum em grandes poetas. Hábil com as metáforas, gosta de envolver as pessoas com sua fala e consegue sensibilizá-las, se tiver a chance. Tende a ser indireto em tudo que fala ou escreve e adora ter de desvendar um segredo. Dá às palavras e às frases sentidos e significados ocultos e "mágicos", gosta de ler e de ouvir figuras que admira. É provável que colecione frases e poesias. Tende a ser gentil e amável para se expressar, prefere evitar conflitos.	O Secretário de Capricórnio é bem seco e objetivo, odeia dar volta e tem pânico de quem desperdiça tempo ao escrever ou se comunicar. Tende a buscar a forma mais sucinta para se expressar, e é bem rigoroso com o formato e a qualidade de tudo o que fala ou escreve. Não tenta ser doce nem amável, prefere ser bem direto e sempre resolver o problema de forma dinâmica, o que pode assustar algumas pessoas. Tende a preferir assuntos mais objetivos ou palpáveis, e gosta de temas que expressam a realidade de forma crua, sem romantismo. Não tolera erros ou desperdícios na comunicação. Se não sabe o que dizer, prefere se calar.
O Secretário de Leão é altivo, e não só gosta de se impor pela fala e escrita, como também ama receber atenção quando se expressa. Gosta que as pessoas se calem para ouvi-lo, e tende a ser muito eloquente e dramático em sua forma de se expressar. Todas as suas histórias são grandiosas e recebem muita intensidade na forma como são narradas. Odeia ser interrompido ou questionado, e tende a se expressar de maneira grandiosa e arrogante. É muito criativo e tende a "florear" bastante as histórias.	O Secretário de Aquário é rápido de pensamento e enfrentativo, disposto a defender várias de suas causas e ideais com veemência. É capaz de discursar em nome de todo um grupo, ou de discordar de todo um grupo, fazendo discursos. Tende a gostar de temas polêmicos e aprecia debates, pode argumentar por horas sem se cansar, e se diverte defendendo suas causas preferidas. Tem uma tendência mais arrogante, dificilmente volta atrás e se desculpa, mas é bem atento ao que está sendo dito e escrito, e gosta de se voltar para temas ligados ao futuro e à sociedade.

O Secretário de Virgem é a exaltação, ou seja, tende a ser impecável em sua função, armazena e classifica todas as informações que recebe e repassa. Gosta de se expressar e se explicar em detalhes e está atento às minúcias, o que faz com que gaste bastante tempo querendo colocar seu ponto de vista com medo de que não seja entendido. É um tanto reservado e não se expressa livremente, tem muito medo de errar, então se planeja sobre como e quando deve fazê-lo. Gosta de temas que abordam o cotidiano, e é bom em expressar e registrar costumes e nuances de uma época e lugar.	O Secretário de Peixes pode se perder ocasionalmente, não é bom em se planejar e gosta de seguir seus impulsos. Fala com base no que sente ou intui, e tem uma tendência muito reflexiva e, em muitos momentos, grande dificuldade de se explicar. No entanto, sua tendência intuitiva muitas vezes acha respostas que outros não conseguiriam achar, presta atenção no mundo e gosta de tentar entender seu sentindo e significado. Está presente em grandes poetas e cantores e também grandes pensadores, muitos deles pouco compreendidos. Tende a se comunicar de forma não agressiva, e está disposto a abdicar de si mesmo para entender e expressar o que quer.

V – A ESTILISTA (VÊNUS)

Vênus é um planeta sempre associado à ideia de beleza, desejo e harmonia. Em muitos livros, ela está diretamente ligada aos relacionamentos, o que não é de todo verdade. A Lua cria laços afetivos, é um astro mais contundente para entender como uma pessoa se relaciona afetivamente; o espaço da Vênus é mais físico, mais carnal, ela está mais ligada ao desejo material e ao deleite. A Vênus determina aquilo que nos encanta, não nossos valores emocionais (Lua), nem nossos valores éticos (Júpiter), mas, sim, nossos valores estéticos. Determina aquilo que achamos bonito e desejável. E isso tem uma aplicação ampla, vai desde o que você escolhe comprar em um shopping até as pessoas por quem se sente atraído, e qual sua postura e comportamento em face dessa realidade material.

É por esse motivo que, para entender melhor a Vênus, preferimos representá-la como "**a Estilista do Castelo**", aquela figura que determina e escolhe as roupas que todos usarão ali dentro, o padrão de cores e valores, assim como a decoração do Castelo. Não que essas escolhas não tenham de ser negociadas diretamente com figuras mais determinantes do Castelo, como a Rainha, o Embaixador e o próprio Rei. Ela (Estilista) tem de negociar. Digo que quando você compra uma roupa, mas acaba não a usando significa, em geral, que a Vênus fez uma escolha, mas o Sol determinou que essa escolha é imprópria ao Castelo, ou inaceitável. É óbvio que as personalidades têm conflitos internos, e esse é claramente um deles. O fato é que, quem compra, quem vai às compras, quem olha na loja e escolhe algo, uma roupa, um tênis, um liquidificador, um carro ou um aspirador de pó, é a Vênus, e com isso é fácil entender que nossa casa e nosso corpo acabam sempre "enfeitados" de coisas que nossa *Estilista Pessoal* (Vênus) escolheu para o Castelo (Nós mesmos).

Algumas Vênus (as em Fogo) compram ou escolhem de forma impulsiva e gostam de coisas que chamam a atenção, que se destacam das demais. Outras são bem mais práticas (em Terra), e valorizam a qualidade e a durabilidade do produto, preferem ser mais discretas. Há as que estão muito sujeitas às novidades (as em Ar) e àquilo que outras pessoas têm comprado e usado, e podem ser bem indecisas. Mas também existem aquelas outras que têm um apego emocional com todos os objetos com os quais se relacionam (as em Água), e precisam achar neles um significado e um sentido que estão além de sua matéria.

Para ter uma ideia mais clara do papel de Vênus na personalidade de uma pessoa, seria propício imaginar a personalidade de alguém como essa cidade onde a Vênus é a única arquiteta, é ela quem vai criar prédios e casas, traçar ruas e praças. O signo da Vênus determinará o padrão com o qual a cidade tomará forma, vai se manifestar, ou seja, seus princípios e valores estéticos. Muito do que se vê e percebe de uma cidade, ou seja, o que nos atrai a visitá-la, está exatamente dentro dessa estrutura estética (o mesmo acontece com as pessoas que nos atraem, ainda que não queiramos admitir). É a Vênus que nos atrai, aquilo que atiça nossa curiosidade, isto é, desejamos visitar Paris porque é *a cidade das luzes* e tem construções lindas e muitos museus, pontes e cafés, e não necessariamente por conta do seu sistema de justiça.[31] Meu ponto é que a questão estética tem um imenso valor, é o que tende a nos atrair primeiro, e isso faz parte de Vênus. É ela a responsável por esse tipo de

---

31. Não quero dizer com isso que o sistema de justiça de uma cidade não conta, basta entendermos como lindas cidades foram tomadas pela criminalidade e se tornaram perigosas, ou estão na mão de governos autoritários e deixaram de ser um destino, mesmo sendo lindas.

sedução e apresenta, segundo o signo em que está, os mecanismos que valorizamos dentro da sedução. Ou seja, ela tanto determina o padrão estético que nos atrai, como também expressa a forma como seduzimos e tendemos a encantar outros. Algumas Vênus precisam se expressar esteticamente de maneira moderna e absolutamente inovadora (como Aquário), e, claro, tendem a atrair e se interessar por pessoas que gostam de quebrar padrões estéticos. Já outras Vênus gostam de padrões e modelos mais clássicos, mais duradouros, capazes de resistir ao tempo e que apresentem uma estabilidade (como Capricórnio), e essas pessoas, então, tendem a atrair e se interessar por outras diferentes daquele outro padrão, com valores distintos. Valores que são principalmente estéticos, mas que vão ter um reflexo em muitas áreas da sua vida.

A Estilista em Áries é ousada, não gosta de perder tempo e é muito direta; valoriza e se atrai por força e velocidade, tem uma sensualidade mais agressiva. Tem um jeito mais quente e indiferente de ser e se expressar. É pouco paciente, e age e compra muito por impulso.	Em Libra, está no trono; são pessoas muito elegantes e que se portam de forma bastante educada, muito preocupadas com estética e boa aparência. Costumam ser muito ligadas em moda e tendências, e gostam de saber o que está sendo considerado mais bonito. Há sempre indecisão, vontade de fazer escolhas perfeitas.
Em Touro, a Estilista se volta para o conforto, para o prazer, busca a estabilidade, a constância e a segurança, age de forma natural e sensual. Tende a manter um padrão estético por décadas, é mais discreta e busca durabilidade e segurança.	Em Escorpião, há uma propensão ao sombrio, aos mistérios e ao fatal. São muito envolventes e intensamente apaixonadas, mas gostam de deixar claro que são perigosas. Trata-se de uma estética mais "gótica", densa, fúnebre, mas também sexual, que tende a se tornar bem evidente.
Em Gêmeos, a Estilista é alegre e brincalhona, gosta de diversidade e odeia se repetir, tem medo da mesmice. É bem aberta, ou seja, não tem um gosto fixo e adora novidades. Costuma ter muita dificuldade de escolher o que quer. É bem inconstante, mas tem um jeito jovial, moderno e divertido.	A Estilista em Sagitário é alegre e cheia de sorrisos, brincalhona. Muito divertida, não tem medo de ousar nem de se expor ao ridículo. Faz e usa o que quer e como quer, e não liga para o que pensam dela. Ama cores alegres e estampas, e adora inovar e quebrar regras.

Em Câncer, a Estilista tem um jeito indireto de se aproximar das pessoas, e tende a ser doce e romântica, costuma gostar de animais e plantas e a ser muito apegada emocionalmente. Gosta de detalhes, tem forte apego emocional a todas as coisas e se interessa por figuras mais doces ou frágeis.	A Estilista em Capricórnio é séria e de poucos sorrisos, muito objetiva e nada ingênua, gosta de cores sóbrias e tem uma aparência clássica e elegante. É muito atenta aos custos e benefícios de tudo; tende a ser muito prática e dinâmica, e evitar rodeios e firulas.
A Estilista em Leão é muito sedutora e se orgulha disso, tem uma tendência ousada e ama exercer poder a partir de sua própria imagem. Adora se destacar e pode ser bem performática.	Em Aquário, é divertida e moderna, tem um jeito ousado, e adora chocar e contrariar expectativas. Possui um forte gosto por tudo o que é diferente do normal, e tem horror a ser vista como comum.
Em Virgem, há um horror ao excesso, ao exagero, e um apreço à praticidade e à sensualidade natural. A Vênus adora ordem e simplicidade. É muito meticulosa, e busca ambientes e objetos práticos e funcionais.	Em Peixes, a Estilista é lúdica e romântica, acha significado nas coisas e nas pessoas. Gosta de ajudar e tem grande capacidade de se transformar, de mudar de aparência como um camaleão. Tem uma tendência ao misticismo e esoterismo.

VI – O GUERREIRO (MARTE)

O Planeta Marte, em diversas culturas, sempre esteve relacionado às atividades bélicas, a lutas e batalhas, tão determinantes na história da humanidade. Vivemos, em termos de história, um período de relativa paz na maior parte do mundo, e isso é absolutamente incomum em relação a todos que nos precederam. Marte está associado à guerra, porque é, obviamente, visível em alguém quando a pessoa é impelida a essa ação. Eu poderia dizer que a função de Marte dentro do Castelo é, em grande parte, nos defender quando necessário, mas, além disso, está presente e se manifesta sempre que TEMOS DE AGIR, e essa ação é predominantemente física.

Por esse motivo, quando dou aulas recorro aos atletas para explicar Marte em cada um dos signos, porque em um atleta, na forma como ele age quando está em jogo, podemos evidenciar com maior clareza o Marte ali, sozinho, um tanto destituído dos outros astros, manifestando-se mais claramente. Hoje, nem sempre percebemos o Marte das pessoas com clareza, porque nem sempre vemos alguém em ação física ou em jogo. Mas nos é estranho em algumas situações, por exemplo, quando vamos jogar algum jogo com um amigo e percebemos que uma pessoa pacata, às vezes, revela-se nervosa e competitiva quando se vê nessa situação. Isso, em geral, costuma ser fruto do Marte, por vezes escondido nas atividades cotidianas, neste momento se vê pronto a manifestar.

Outra forma propícia de perceber o Marte pode ser na forma como alguém dirige. Quando a pessoa pega o volante e coloca o carro em movimento, o Marte dela toma parte do comando do Castelo. Logo, o modo como ela dirige, como age em relação aos outros carros, às regras, aos limites e aos objetivos aparece para nós no formato do signo em que o Marte dessa pessoa está.

Martes em Fogo podem dirigir de forma bem competitiva, odeiam ficar para trás e são um tanto agressivos no trânsito. Tendem a pisar fundo e cortar outros carros sempre que podem. Não gostam de ter sua ação limitada, e isso inclui também muitos dos limites de trânsito impostos pela lei, como placas de pare, sinais vermelhos, proibido estacionar, tudo isso os aflige.

Martes em Terra tendem a ser bem calmos, sérios e tranquilos dirigindo, sabem seu objetivo, respeitam as regras de trânsito e seguem seu caminho da forma mais prática que encontram, não gostam de dar voltas ou gastar tempo e energia desnecessariamente, mas tendem a dirigir bem e de maneira bem segura.

Martes em Ar tendem a ser bem colaborativos ao dirigir, adoram conversar e interagir com os outros, têm um raciocínio rápido e definem sua ação só na hora que a executam, podendo ser um pouco imprevisíveis.

Martes em Água tendem a ser bem prestativos e solidários, muitos deles adoram dar carona, buscam e levam até a casa da pessoa e sempre estão dispostos a agir para ajudar. Podem ter uma ligação emocional com suas ações e tendem a seguir seus instintos.

É possível, na verdade, usar uma série de metáforas para explicar Marte, e cada uma delas pode ser mais pertinente para explicar um momento ou faceta diferente dele. Poderíamos dizer, também, que Marte é o **Caçador**. Aquela figura dentro do Castelo que tem de sair para caçar e se arriscar; ainda, diríamos que Marte é aquele que conquista o parceiro, a forma como conquista, como vai atrás de um parceiro ou parceira. De fato, há um componente ligado ao relacionamento e obviamente também à sexualidade, já que ela representa também uma ação.[32] Assim, sabemos que Martes em signos de Fogo são caçadores vorazes e confiantes, incisivos e diretos em suas conquistas, e não gostam de perder nem aceitam muito bem um não como resposta. Os Martes em Terra já são mais contidos e podem se dedicar durante mais tempo a esse processo, tentando torná-lo mais objetivo e eficiente. Podem preferir mostrar que são muito competentes, ou que são úteis na sua forma de agir. Martes em signos de Ar são mais imprevisíveis, tendem a conquistar a pessoa com muita lábia e se mostram abertos e sociáveis, mas também é comum que seu alvo esteja em aberto e só se decida no momento exato de sua ação. Martes em Água já são bem mais românticos e absolutamente indiretos, muitas vezes fazem uma coisa querendo outra, e podem ser mais carinhosos e amáveis em suas ações, deixando o alvo um pouco mais confuso.

Mas como eu pretendo apresentar a personalidade como um sistema complexo com vários personagens, prefiro encarar Marte como uma figura simbólica que interaja mais com o todo da personalidade. Nesse caso, Marte seria um tipo de Chefe da Guarda dentro da metáfora do Castelo, algo inusitado e talvez um pouco fora da nossa imaginação moderna. No entanto, não é tão difícil assim se pensar. O Chefe da Guarda poderia ser facilmente traduzido como um tipo xerife ou chefe de polícia com a obrigação de proteger e defender esse nosso espaço, ou seja, nossa personalidade. Tem de lutar nossas batalhas, tem de nos defender de ataques externos e, também, manter a ordem interna dessa nossa pequena cidade/Castelo.

---

32. Aparentemente, poderíamos produzir um artigo inteiro somente sobre as diferentes facetas e metáforas que nos revelariam o planeta Marte, isso porque a astrologia é muito rica e se você entende o caminho simbólico que ela propõe e como utilizá-lo, pode desvendar muito mais de seus segredos.

O Chefe da Guarda de Áries pode ser um pouco explosivo e perder a cabeça com facilidade, mas é linha dura e está sempre disposto a agir sem demora para defender a cidade. É muito competitivo e precisa ser sempre o primeiro em tudo em que se dispõe.	O Chefe da Guarda de Libra tentará resolver tudo que puder sem violência, de forma equilibrada e elegante. Ele fará o possível para solucionar o conflito e os desafios, tende a ser um *gentleman*. Suas ações são coordenadas e muito equilibradas, trabalha bem em equipe e dá real sentido ao termo *artes marciais*.
O Chefe da Guarda de Touro seria mais calmo e pacato, mas bem rígido e inflexível em sua determinação, inspirando segurança e estabilidade em suas ações. Tende a ser muito constante e não se assusta com facilidade, está sempre disposto a trabalhar duro e parece incansável.	O Chefe da Guarda de Escorpião é quieto e discreto, nunca age antes da hora, está sempre esperando o momento certo. Gosta de desafios, e quanto mais é solicitado, mais ele responde, parece não ter medo de nada e está disposto a ir ao limite, se necessário. Pode ser bem vingativo ou revanchista.
O Chefe da Guarda de Gêmeos é um tanto imprevisível, nem ele mesmo sabe o que vai fazer em sua próxima ação, e está disposto a surpreender, enganar; também, é muito hábil em usar sua lábia para chegar a seus objetivos.	O Chefe da Guarda de Sagitário não reconhece limites, ele mesmo gosta de quebrar regras e odeia hierarquias. É bem brincalhão e ousado, e tende a fazer coisas realmente chocantes, bem fora do convencional.
O Chefe da Guarda de Câncer é um tanto mais pacato e familiar, bem amável e está sempre disposto a ajudar e cooperar. Prefere evitar conflitos diretos, mas a coisa pode ficar séria se alguém de que ele gosta estiver ameaçado.	O Chefe da Guarda de Capricórnio está exaltado, ele é muito dedicado ao seu trabalho e absolutamente disciplinado. É o primeiro a levantar de manhã e está sempre disposto a colocar a mão na massa. É competitivo e precisa sempre ter um desafio a cumprir.
O Chefe da Guarda de Leão é bem impositivo, ele deixa bem claro que é ele quem manda no pedaço, e é bem vaidoso e orgulhoso, não aceita ordens de ninguém e não deixa barato nenhuma ofensa. Exibe seu distintivo com muita autoridade, nem sempre acredita que as regras normais se aplicam a ele.	O Chefe da Guarda de Aquário tem uma postura arrogante e desafiadora, adora contrariar ordens e está sempre disposto a se revoltar, agir da forma contrária do que se espera. Diverte-se quebrando regras, e adora disputas ideológicas e verbais. Está sempre propício a ingressar em uma rebelião para defender um ideal.

O Chefe da Guarda de Virgem segue todas as regras, é atencioso e prestativo aos detalhes, odeia quem tenta se aproveitar ou agir fora do manual. É delicado com as minúcias de seu trabalho, muito dedicado e bastante prestativo, gosta de ajudar e servir.	O Chefe da Guarda de Peixes pode se perder um pouco, ele não gosta de nada que seja agressivo ou competitivo. Tende a agir de forma intuitiva e não faz planos sobre suas ações, tende a seguir o fluxo e o ritmo do universo, nem ele mesmo responde por suas ações completamente.

VII – O PROFESSOR/O MESTRE (JÚPITER)

Para começar a falar de Júpiter, temos de nos lembrar de uma curiosidade que parece ter passado despercebida na modernidade. Para nós, o Sol e a Lua parecem ter um efeito muito marcante, assim como Vênus e Marte. Por conta de parecerem simbolizar masculino e feminino, atraem nossa atenção, mas isso não era tão relevante para os antigos. Em quase todos os sistemas astrológicos que conhecemos, o astro de maior *status* que representava o deus de maior impacto e proeminência era sempre Júpiter. Esse astro sempre revelou um tipo de deus soberano e de papel definitivo no comportamento de outros deuses. Para os gregos, é Zeus; para os romanos, é Júpiter, o deus superior no Olimpo, ao qual os outros obedecem e seguem. Já para os sumérios, é Marduque, o deus que salva e dá origem ao universo. O que isso quer dizer? Que é necessário olhar para esse astro com mais cuidado e respeito, porque se essas culturas ao longo de séculos e milênios o colocaram nesse patamar, provavelmente, não foi ao simples acaso.

É bom lembrar também que esse planeta é um gigante gasoso, ele não só é maior que os outros planetas, mas, sobretudo, é maior que todos os outros planetas juntos, e seu diâmetro e massa são tão grandes que faltou pouco para ele mesmo entrar em combustão e se tornar uma estrela. Por isso, gosto de me referir a ele como *um segundo Sol* dentro do mapa. Oriento meus alunos a sempre que virem o Sol de alguém, olharem imediatamente Júpiter para entender a orientação desse Sol. Ou seja, se é um Sol em Áries, peço para ver Júpiter; se for em Câncer, será um Ariano um tanto mais amável, poético; se for em Leão, será um ariano mais confiante, mais impositivo; se for em Libra, tenderá a ser mais educado, e você vai conseguir perceber isso. Na verdade, quando você separa personalidades da história e as agrupa segundo o seu Júpiter, elas tendem a ter um comportamento mais homogêneo e marcado do que se as separar pelo signo solar. Recomendo que se faça esse teste. Júpiter em Libra tende a manifestar muitas figuras ligadas à diplomacia e à política, enquanto Júpiter em Escorpião revela um grande número de ocultistas, e isso se torna algo bem claro.

Contudo, a verdade é que já temos um Rei no Castelo, e por mais influente que Júpiter seja (e é), ele definitivamente não está no comando da sua personalidade, mas, sim, o Sol, que sempre bate o martelo no final do que vai acontecer e do que não vai acontecer. A questão é que o Sol vai respeitar imensamente Júpiter e fazer o possível para seguir suas recomendações, como se Júpiter fosse seu grande conselheiro real, aquela figura mais experiente que o Rei sempre consulta. Poderíamos nos referir a ele, também, como um tipo de guru ou orientador do Rei, porém, em geral, prefiro a metáfora do Professor, não um professor comum de jardim de infância, mas um tipo de filósofo conselheiro, o mesmo que, dentro da história, Aristóteles foi para Alexandre, o Grande, uma fonte de orientação, educação e sabedoria.[33]

Essa metáfora de Júpiter como Professor representa, aqui, o **professor** no sentido mais clássico, o de **mestre**. Exatamente porque o mestre não só corresponde à questão de Júpiter como conselheiro e orientador, mas também a uma segunda questão, o fato de que, em muitos livros, Júpiter é apresentado como um tipo de orientação filosófica ou filosofia de vida.

É claro que algumas pessoas podem, e devem, argumentar que nesse tipo de situação o mestre é uma figura externa, na verdade, sem uma relação direta com o seu mapa natal, e sim com os eventos que você encontra e pessoas que conhece na sua vida. Sobre isso, vou contra-argumentar o

---

33. Que tal usar um pouco da cultura dos filmes dos anos 1980 para tentar elucidar esta relação? Se usássemos a fantástica mitologia Jedi, que George Lucas desenvolveu usando "a jornada do herói" como base para escrever e criar o clássico de ficção *Guerra nas Estrelas*, perceberíamos que a relação Sol-Júpiter era semelhante à relação e à importância que Yoda tem para Luke Skywalker. Ou o que Sr. Miyagi é para Daniel Larusso, em *Karate Kid*. Essa relação alegórica que esses filmes criam é tão determinante que você percebe que o personagem principal que representaríamos pelo Sol se tornaria, no fim, alguém completamente distinto se tivesse tido um mestre, um orientador diferente em sua vida. E é exatamente isso que quero exemplificar da relação que o Sol, e toda a personalidade, tem com o signo em que Júpiter se encontra em um mapa astral.

seguinte: você escolhe seu mestre, seu orientador, decide quem vai seguir e quem vai ser inspiração em sua vida, e essa decisão me parece ser ligada a Júpiter. Ou seja, tem de ser alguém que se encaixe nas tendências de seu próprio Júpiter para que isso faça real sentido para você. Há, portanto, uma projeção de seu Júpiter nessa figura, se ela existir em sua vida.[34] Muitas crianças não se identificam diretamente com o pai, podem achar nos avós, ou em um professor, treinador, ou mesmo artista alguém em quem acham mais propício se inspirar, porque é possível que essa figura seja mais apta a representar seu próprio Júpiter natal.

Bom, a verdade é que Júpiter terá um papel determinante em todo o Castelo. Ele não é só o grande mestre e conselheiro do Rei, que ele tende a seguir como uma orientação pessoal, mas também pode ser o grande mestre de todo o Castelo; uma figura que todos ali dentro tendem a respeitar e seguir, tal como se ele mesmo, Júpiter, fosse o grande professor dentro desse espaço da nossa consciência e orientado todas as figuras ali, segundo sua tendência.

O Professor de Áries ensina a agir, instrui seus alunos a se defenderem e lutarem pelo que querem e quando querem, a não terem medo de se arriscar e batalharem pelo que acreditam merecer no mundo. Vai sempre lembrar que o mundo pertence àqueles que tiveram iniciativa e, portanto, que é melhor agir do que ficar esperando. É responsável por formar muitos mestres da ação e das artes marciais.	O Professor de Libra ensina sobre a importância da gentileza, da justiça e do equilíbrio. Fala sobre a necessidade de ponderar e de escutar os dois lados, de não se precipitar e buscar sempre uma forma ideal de agir na vida, visando construir beleza e harmonia em seu contato com o mundo. É responsável por gerar na história habilidosos diplomatas e artistas, com ótimo senso de harmonia.

---

34. O que não é incomum, em vários momentos há uma forte tendência de se projetar questões internas (ou seja, do seu próprio mapa) em figuras externas que possam cumprir este papel, ou o representar, ou mesmo suprir uma tendência que a pessoa prefere não assumir. É um processo que parece natural nas crianças em seu desenvolvimento, mas que, em termos de astrologia em um adulto, pode representar um mau uso de um potencial pessoal. No caso de Júpiter, podemos entender melhor, pois a criança e o adolescente precisam, em sua jornada para a maturidade, de professores, de orientadores, até assumirem o controle de tudo, mas depois de adultos é importante se desvincular dessas figuras externas, assumindo seu aprendizado e "completando seu treinamento", a fim de que eles mesmos possam se tornar mestres.

O Professor de Touro ensina sobre a importância da perseverança, a paciência e a capacidade de resistir, de batalhar e lutar longamente para se conquistar objetivos difíceis. Fala também sobre a importância da matéria, do corpo e dos prazeres. Ensina a valorizar aquilo que se tem e batalhar duro por aquilo que se pode ter um dia. É responsável por instruir algumas das figuras mais perseverantes e de grandes resultados da história.	O Professor de Escorpião ensina sobre os segredos ocultos do mundo, sobre todas as energias subterrâneas, da sexualidade à espiritualidade. Sobre as diferentes forças e pulsões que regem o mundo e os homens, e como entendê-las e controlá-las. É responsável por instruir grandes ocultistas e magos na história, mestres do mundo das sombras.
O Professor de Gêmeos está no exílio, ele é um livre-pensador. Não ensina uma filosofia, mas várias, ensina a mente a vagar livre por todas as direções, e valorizar a inteligência e a razão. Instrui a ser hábil com as palavras e rápido pensador, a não se limitar a uma única direção ou caminho, mas estar sempre aberto ao novo. É responsável por instruir mentes brilhantes e exímios escritores.	O Professor de Sagitário está no Trono, ele ensina sobre a necessidade de se libertar, de encarar a vida com alegria, a importância de ousar e sempre que puder expandir seus conhecimentos, tanto físicos como teóricos sobre o mundo. Instrui a buscar aquilo que se deseja e a ultrapassar limites. Lembra que só se vive uma vez, portanto, é necessário aproveitar a vida o máximo possível sem restrições.
O Professor de Câncer está exaltado, e é gentil e afetuoso, ensina sobre o amor e a consciência, e o valor dos sentimentos e do afeto. Há nele uma imensa delicadeza e valoriza a vida acima de todas as coisas, tendendo a ser amável com pessoas e animais. Há um forte senso simbólico e melancólico, e é responsável por gerar grandes poetas dentro da história.	O Professor de Capricórnio está em queda, ele ensina sobre a dureza do mundo, sobre o trabalho árduo e duro para se chegar a um resultado. Fala sobre a necessidade de se fortalecer, de passar por cima dos seus sentimentos e desejos pessoais para conquistar um objetivo. Ensina sobre a necessidade de crescer, e é responsável por instruir algumas das figuras mais duras e capazes da história.

O Professor de Leão ensina sobre autoconfiança e sobre amar a si mesmo antes de tudo. Confiar em suas capacidades e habilidades, e não ter medo de mostrá-las. Ensina sobre a ousadia e o espetáculo. Sabe instruir seus alunos a nunca fugirem dos holofotes e encararem com determinação o seu público. É comum em grandes astros e dramaturgos que valorizam a si mesmos e expressam sua arte com confiança e ousadia.	O Professor de Aquário está ávido por educar grandes mentes capazes de representar os menos favorecidos. Ensina sobre a necessidade da igualdade e, também, da liberdade e a importância dos estudos e do aperfeiçoamento intelectual. Exige que seus alunos saiam da mediocridade, sejam ousados e questionadores. É capaz de formar grandes mentes inovadoras na história, assim como governantes em busca de utopias.
O Professor de Virgem ensina sobre a importância de se fazer tudo bem-feito na vida, de se ater aos detalhes, e o cuidado com tudo o que se faz. É o mestre do aperfeiçoamento e instrui seus alunos a serem eficientes, a fazerem tudo com habilidade e destreza, e sobre a importância de se dedicar verdadeiramente a tudo o que se pretende fazer. Tem grande senso de organização e planejamento.	O Professor de Peixes está em um de seus tronos, ele ensina a seus alunos a delicadeza e a intuição, a abdicarem de si mesmos e de suas vontades imediatas, para achar e desvendar os grandes segredos do universo, a enxergarem aquilo que outros não conseguem ver e intuírem o que outros ignoram. Ensina a pensar no outro e no destino do universo antes de pensar em si mesmos.

VIII – O JUIZ (SATURNO)

Saturno é visto como um planeta severo e sombrio, demasiadamente sério. Em muitas interpretações, é encarado como um mau sinal, o que realmente não faz jus ao que ele é de fato. A questão é que Saturno trata fundamentalmente dos limites: nossos limites, os limites do mundo, da matéria, do tempo, da sociedade e morais. Ou seja, uma série de limites, algo que em geral as pessoas preferem não ter de encarar. Muitas pessoas que buscam um mapa astral nem sempre querem reconhecer seus limites; é comum que queiram algo que as faça acreditar que podem transcender suas dificuldades mundanas e focar um universo mais mágico, e, obviamente, Saturno não vai ajudar absolutamente em nada com isso. A função de Saturno está em não deixar sua personalidade, quem você é, sair de linha, exceder limites dentro do mundo que o coloquem em perigo ou coloquem todo o mundo em perigo. Obviamente, alguns Saturnos são melhores que outros nessa função.[35] Esse Astro tem uma aplicação não só pessoal, mas também que se volta para a sociedade e a comunidade.

Assim como Júpiter, Saturno pode e deve ser visto como um tipo de conselheiro do Rei, alguém a quem até o Rei deve respeito e obediência, portanto, um regulador das ações do Rei. Sempre explico que, ao olhar o Sol, é importante avaliar Saturno para entender que limites esse Sol terá. Se é um Sol que tende a exceder limites, você deve olhar qual é o Saturno, em qual signo está, para entender se ele tenderá a segurar esse avanço do Sol ou não.

Inclusive, já tentei explicar Saturno como "o pai do Rei", um tipo de antigo Rei do Castelo, alguém capaz de passar experiência ao próprio Rei, que ele mesmo tema e respeite. De fato, essa metáfora é boa e pode ser usada. Nosso primeiro contato com Saturno tende a ser externo, porque ele representa nosso contato com nossos limites. Quem nos impõe limites nas primeiras fazes de nossas vidas? Geralmente são os pais, por isso Saturno está, erroneamente, muitas vezes associado ao pai. Não é o "pai", é o limite. O pai é associado porque, em muitas culturas, ele exerce de forma mais definitiva a função de colocar limites, isto é, dizer o que pode ou não se pode fazer, e punir ou castigar quando se faz algo errado. Ok, essa é exatamente a função de Saturno; quando novos, não temos uma consciência ampla do universo dos limites, muitas vezes o testamos para entender. Mas figuras diferentes podem nos impor limites; se quem coloca de castigo é a mãe ou a avó, serão elas então assimiladas e projetadas em nosso Saturno natal. Se for um professor ou diretor, será ele então projetado nesse espaço do qual ainda não temos completa compreensão ou consciência. Saturno, nessa primeira fase, diz como nós encaramos os limites que nos são impostos, e é mais comum que o projetemos em uma figura ou na própria sociedade. Por exemplo, se temos um Saturno mais autoritário, significa que tendemos a testar ou quebrar mais regras, e podemos dizer ou acreditar que nossos pais são autoritários, quando, na verdade, em várias ocasiões,

---

35. Na verdade, todo Saturno pode ser necessário e ter seu lugar, mas parece que alguns seriam mais eficientes para situações mais extremas e agressivas, que necessitam de ordem imediata, e outros se aplicariam melhor à construção de uma sociedade mais livre e equilibrada.

eles simplesmente estão tentando impedir nossos avanços desgovernados. Entretanto, mais tarde, nós mesmos teremos de nos haver com a responsabilidade sobre os limites e alcançar com isso a maturidade.[36] Nesse primeiro período, nossa relação com nosso Saturno ainda não está completamente estabelecida.

Digo, inclusive, que a maturidade dentro de uma perspectiva astrológica se dá à medida que você assume todos os seus planetas, todas as suas tendências, e deixa de projetá-las em outras figuras, em outras pessoas, e Saturno, muito provavelmente, representa um desses últimos passos de consciência. Na verdade, a pessoa reconhecerá com clareza seu Saturno à medida que ela mesma for pai ou mãe e tiver de educar. Ou seja, quando ela mesma tiver de colocar limites e punir, conforme tenta instruir uma criança sobre o certo e o errado, sobre o que é perigoso e o que não é, para ela e para os outros. Seu Saturno determinará se é um pai/mãe mais punitivo, severo, ou mais flexível.

Podemos concluir disso que **Saturno governa nossos valores morais**, sobre o que se pode ou não fazer, sobre o que é certo e errado, e qual nossa postura diante desses princípios.

Por isso, para mim, é determinante representar Saturno como o **Juiz**, aquela figura dentro da nossa personalidade que determina o limite entre o certo e o errado. O signo em que Saturno se encontra nos dirá como a pessoa faz um julgamento moral de certo e errado. Nem sempre nos diz qual o julgamento, mas principalmente **como** – o que ela leva em consideração para estabelecer o que deve e pode fazer, e o que não se deve e não pode fazer. Essa base moral de julgamento é estruturante dentro de uma personalidade. Ser severo demais pode ser útil em situações extremas, nas quais é imperativo estabelecer ordem a qualquer custo para a manutenção do grupo e de uma sociedade, mas também pode ser desastroso em outras situações. Da mesma forma, ser brando ou perdoar sempre sem punir pode parecer simpático e dócil, mas pode ser desastroso para a própria pessoa e seus dependentes. Um pai ou mãe que não coloca limites em seus filhos pode, em longo prazo, causar mais

---

36. Isso tende a se acertar à medida que Saturno faz seu primeiro retorno, mais ou menos aos 30 anos, tornando a questão de se haver pessoalmente com seus limites e os do mundo, assim como sua responsabilidade quase inquestionável.

estragos que pais mais severos. Então, há um limiar delicado entre esses pontos: o que se espera de um Juiz? Faça um exercício imaginativo: o que você mesmo espera de um Juiz? Que seja ponderado, que não seja nem ausente nem ditatorial, mas que aja de forma comedida e apresente um resultado claro dentro das regras estabelecidas. Que seja imparcial, obviamente, o que se não for de imediato, em longo prazo será melhor para todos, pois criará um ambiente mais tranquilo.

Gosto de fazer essa comparação, explicar que, se nossa personalidade, quem nós somos, fosse comparada a uma cidade, o Sol seria, obviamente, o Prefeito e teria amplos poderes de decisão dentro do local. No entanto, há em toda cidade uma figura capaz de limitar os poderes do Prefeito – o Juiz. O Juiz, inclusive, pode barrar decisões do Prefeito se elas vão contra os limites legais ou morais colocados a todos. Ele é responsável por manter a cidade na linha, impedir que aquilo que não é correto se estabeleça dentro daquele espaço, e é essa a função de Saturno para nós. Ele vai regular esses princípios e valores morais pessoais. Seria semelhante à função da Igreja ou de um padre dentro desse Castelo na Idade Média ao determinar os valores morais colocados ali dentro, os limites sobre o certo e o errado, para que seja possível estabelecer uma convivência justa tanto dentro quanto fora.

Eu sei que várias pessoas, em geral, os jovens, não se preocupam muito com essa determinação e, obviamente, terão dificuldade de entender Saturno no mapa, mas costumo usar outro exemplo que funciona bem para explicar Saturno. Imagine um jogo de futebol sem um juiz e você perceberá que o fato de terem regras escritas não significa quase nada; o caos se estabelece em qualquer jogo em que o juiz não impõe sua autoridade e seu respeito no campo, e não é fácil fazer isso, essa é uma tarefa dura. Um deslize pode deixar pessoas furiosas e, em um piscar de olhos, a situação pode sair de controle. É, inclusive, fácil entender como Saturno se comporta em determinado signo, se você imaginá-lo como árbitro de um jogo de futebol.

O Juiz de Áries tende a ser mais impaciente, decide com velocidade e não se vê tendo de ponderar. É muito determinado em suas convicções, está disposto a batalhar por elas e prefere não submeter suas decisões a ninguém, além de si mesmo. Tem facilidade em exercer autoridade e rigor. Pode ser comum em alguns generais que precisam ser rápidos e impor ordem de forma monocrática, ou em pessoas que preferem agir por conta própria e arcar com suas próprias convicções.	O Juiz de Libra é diplomático e ponderado, está sempre disposto a escutar os dois lados com imparcialidade, e tomar a decisão mais justa e equilibrada. Gosta de especular sobre o certo e o errado, colocando-os de forma universal para qualquer homem, em qualquer situação. Prefere resolver impasses conversando de maneira pacífica. Tende a nunca tirar conclusões precipitadas.
O Juiz de Touro gosta de seguir as regras e o combinado, e pode ser muito tradicional na forma de julgar o que considera certo e errado, não vendo espaço para meio-termo. No entanto, ele já tem pra si mesmo conceitos muito fortes de certo e errado, e tende a não estar disposto a escutar e dialogar para chegar a um veredicto. Pode ser bem firme, determinado e inflexível em seus julgamentos morais.	O Juiz de Escorpião tem forte senso de certo e errado, sabe bem quando alguém, ou até ele mesmo, ultrapassa o limite daquilo que é justo, mas é bem severo e capaz de passar do ponto, ou ser vingativo para tentar estabelecer a ordem. Está disposto a ir a extremos para estabelecer o que acha justo, e pode não só ser punitivo, mas também ter prazer em ser. É conhecido em pessoas com sensibilidade, porém de pulso muito firme.
O Juiz de Gêmeos precisa recorrer ao máximo de informações e opiniões para tentar chegar a uma sentença ou conclusão moral. Mas é comum que se perca nesse processo, e seja pouco objetivo e claro em seus julgamentos. Em alguns casos, prefere não proferir nenhuma sentença moral nem deixar em aberto, caso possa mudar de opinião, mudando sua posição de um dia para o outro, algo que pode ser recorrente nesse tipo de Saturno.	O Juiz de Sagitário odeia regras e limites, ele quer ter a liberdade de estabelecer a regra que quiser, na hora e como desejar, sem que ninguém o questione por isso. Odeia ter de se submeter a qualquer comando ou autoridade, e tem facilidade em mudar as próprias regras e limites que ele mesmo coloca ou estabelece.

O Juiz de Câncer é o exílio de Saturno, é geralmente parcial, julga aqueles que gosta e com quem tem afinidade de forma diferente dos outros, e tende sempre a querer defender os seus dos demais, sem levar em consideração os fatos. Costuma julgar de maneira emocional e intuitiva, pode gerar pais muito protetores que adulam os filhos ou governantes de índole nacionalista e protecionista.	O Juiz de Capricórnio é severo, frio, imparcial e justo. Pondera com frieza os fatos e as provas levantadas; gosta e preza, por ser muito correto, as normas e as leis; e decide de forma determinada e muito objetiva, visando estabelecer a ordem. Reconhece e entende com clareza a importância dos limites claros e bem enumerados para o bem de todos. É capaz de julgar seus próprios filhos de modo imparcial e puni-los tal como outros, se necessário.
O Juiz de Leão tem forte apreço por exercer autoridade, provavelmente o Saturno mais autoritário de todos. Odeia a ideia de se submeter seja a quem for, e tende a lutar por posições de comando sempre que pode. Tem facilidade em emitir ordens e julgar os demais, e quer ser admirado por sua autoridade. É muito exigente e adora estar na posição de determinar ele mesmo o certo e o errado, ser a fonte máxima, única e inquestionável de ordem. É comum, não só em figuras autoritárias, mas também em diretores de arte, cinema e teatro.	O Juiz de Aquário visa a uma ordem universal, pondera sobre o que seria justo não só para ele, ou para imediatos, mas também aquilo que deveria ser justo para todos os homens. É incrivelmente questionador e pode atacar com veemência tudo o que entende ser uma injustiça, assumindo causas de grupos ou figuras excluídas. Tende a ser inflexível em suas convicções, e legislar por liberdade e igualdade com determinação. Tende a ser muito normativo e a se impor sobre aqueles que fogem ao comportamento esperado.
O Juiz de Virgem tende a ser humilde, e seguir as normas e os combinados o melhor que puder; prefere não se colocar de forma impositiva ou arrogante e tende a ser minucioso quando pretende dar um julgamento. Pode se ater tanto aos detalhes, que, muitas vezes, acha difícil chegar a uma conclusão. Não é incomum evitar situações de autoridade ou comando, e prefere seguir as normas e condutas de forma útil, se puder.	O Juiz de Peixes é muito sensível e se comove com facilidade, tende a se afetar bastante com todas as causas e injustiças, mas tem dificuldade em ser punitivo e, na maioria dos casos, acaba perdoando todos, independentemente do que se desenrolar. Sabe que tem dificuldade em estabelecer a ordem e prefere evitar posições de autoridade ou que exijam dele exercer um julgamento ou qualquer castigo.

IX – O REVOLUCIONÁRIO (URANO)

Urano corresponde ao primeiro dos que vamos classificar como "os renegados". É o primeiro dos planetas exteriores, que estão muito distantes das primeiras sete órbitas, tão distantes que, diferentemente dos outros, não podem ser vistos a olho nu; foram descobertos mais tarde. Como Urano tem uma órbita ampla, passa aproximadamente oito anos em cada signo e ajuda a influenciar o comportamento de toda uma geração. No Castelo, ele é visto como uma figura externa, alguém de fora, que tende a questionar tudo, a colocar tudo sobre suspensão. Não aceita ordens e nunca se submete, fala sobre liberdade e inovações, e tem uma tendência intelectual, ou seja, abre questionamentos e cria teorias por onde passa. É importante enfatizar que Urano é um planeta de tendência mais agressiva, está disposto a questionar e romper com tudo que possa parecer-lhe podar a ação, e pode ser bem incisivo e expansivo. Muitas vezes, é um convidado difícil de lidar para o Rei e outros personagens, mas com o qual tem de aprender a conviver, pois ele não pode ser punido ou excluído nem calado, tem de permanecer onde está.

O Rebelde de Áries tende a marcar uma geração ávida por mudanças, muito criativa e inventiva, disposta a se desvincular do passado, criando algo muito pessoal e novo, marcando a história com seu nome, sendo o primeiro a romper um limite ou tradição e acrescentar algo novo ao mundo.	O Rebelde de Libra tende a querer uma revolução estética e social, há muita preocupação com o estado e a classe da sociedade, e pode querer mudanças que visem a ideais de perfeição e comportamento, levando o mundo a um possível equilíbrio e à harmonia.
O Rebelde de Touro já não quer trazer algo tão novo, a transformação que propõe pode ser mais estrutural, ou material. Pode ser uma nova forma de lidar com a matéria e os recursos; tanto uma transformação estética como uma financeira.	O Rebelde de Escorpião tem um imenso potencial de mudança, há uma forte capacidade de se entender a raiz dos problemas, dos erros e buscar uma mudança na origem com enorme repercussão. Não há medo de se enfrentar nada do que foi estabelecido; está disposto a ir até o final.

O Rebelde de Gêmeos é incrivelmente inovador, empolgado com novas tecnologias e possibilidades, pronto a utilizar o máximo delas que puder. Prega uma revolução de cunho intelectual de ampla liberdade, fugindo das tradições e do cunho social.	A rebeldia de Sagitário visa à sua liberdade e ao seu desprendimento para com as regras tradicionais. Liberdade de fazer e tratar dos temas que quiser. Um desprendimento de convenções e tabus. Tem grande capacidade de mudança e tende a ser muito criativo. Há uma forte vontade de fazer algo que ninguém nunca fez.
O Rebelde de Câncer é menos agressivo ou ousado. Suas mudanças são de caráter emocional ou afetivo, representam batalhas no campo da compreensão dos sentimentos e da percepção do mundo. Pode promover mudanças em prol do bem-estar de um povo, nação ou família.	Há uma forte vontade de ordem nesse Rebelde de Capricórnio, uma vontade de se estabelecer a ordem, de lutar para que a sociedade esteja estruturada e funcional. É possível que se revolte contra estruturas governamentais ou abusos de imoralidade. Tem grande capacidade de estruturar e organizar sociedades.
O Rebelde de Leão é mais exuberante, propõe uma revolução em um nível bem mais marcante e visual, espetaculosa e ousada, mais focada na independência e no valor do indivíduo em detrimento do todo. Reverencia valores de individualidade e vaidade.	O Rebelde de Aquário é capaz de grande sacrifício em prol do bem de todos. Há grande senso de comunidade e de responsabilidade para com a sociedade. Ele é capaz de grandes feitos e tem disposição de lutar pelo direito daqueles que não tem voz.
O Rebelde de Virgem tende a se mostrar muito capaz de transformar o mundo de forma significativa, material e estruturalmente. Foram gerações de muita capacidade de mudança e de avanços técnicos, nem todos usados para o bem.	O Rebelde de Peixes é intuitivo, introspectivo e sua revolução pode ter um cunho mais espiritual ou sensível. É comum que sejam músicos ou artistas inovadores, completamente imersos em suas obras, ou figuras religiosas querendo estabelecer mudanças.

X – O ARTISTA (NETUNO)

Este é um dos personagens mais sensíveis do Castelo, em muitos momentos poderíamos defini-lo como o **Artista**, uma figura mais isolada com imensa sensibilidade, porém um pouco indefesa e, às vezes, fantasiosa. Esse planeta passa aproximadamente 12 anos em cada signo e pode definir uma tendência artística de toda uma geração, mudar todo um padrão estético. É como uma Vênus elevada, se pensarmos que ela é a arquiteta da cidade e ele, o artista. Ambos trabalham em áreas muito próximas, logo, é possível entender algo do padrão estético de uma pessoa, principalmente artistas, observando não só a Vênus, mas também o Netuno.[37] Esse astro tende a evitar disputas, brigas ou qualquer ação mais violenta, é prestativo e tem dificuldade em dizer não aos outros.

O Artista de Áries tem uma tendência mais ousada, mais selvagem, gosta de quadros de impacto e imponentes, cores e brilhos mais ardentes ou provocantes. Deu origem a alguns dos fauvistas e dos artistas apaixonados pela força das cores e de suas obras. É muitas vezes ousado, como Gustav Klimt.	O Artista de Libra é naturalmente habilidoso, tem um senso natural para harmonias e equilíbrio, de forma intuitiva, e tende a munir uma geração de músicos e pintores extremamente habilidosos, com um aprimorado e refinado senso estético. É o caso de músicos dos anos 1970 ou pintores da Renascença.
O Artista de Touro é muito refinado, em geral, bastante comprometido e dedicado, com imenso potencial estético e atenção aos detalhes. É extremamente habilidoso e persistente, valorizando muito a qualidade estética.	O Artista de Escorpião tem um aspecto mais intenso e obscuro; trata de temas mais viscerais, ocultos ou sexuais. Artista de forte profundidade, disposto a explorar lugares que outras gerações abandonaram. Michelangelo, artistas dos anos 1980 e Basquiat são exemplos.
O Artista de Gêmeos tende a marcar uma geração ávida por mudanças e novidades, cansada do passado, que tem muita vontade de se atualizar e inovar, que debateu e se atreveu, atualizando e modernizando a arte dentro de universos mais idealizados. Tem uma tendência mais intelectual ou abstrata.	O Artista de Sagitário ama cores vibrantes, ousadia e coragem; tem uma tendência mais individualista e pode não aderir a grupos ou conjuntos. Preza e valoriza muito a liberdade, a ponto de se arriscar e lutar contra imposições. Pode ser mais arredio e menos comprometido.

---

37. Tenho de registrar que essa interpretação, muito bem observada, foi feita pela minha esposa, Paula Pereira, que foi a primeira pessoa a me chamar a atenção sobre isso. Quando fomos realizar uma pesquisa de referências, percebemos que era algo que realmente fazia sentido. Inclusive fizemos uma *live* a respeito.

O Artista de Câncer é muito hábil e sensível, tem sua atenção voltada à percepção interna e a imagens oníricas. Foi responsável por muitos dos surrealistas e artistas, como Frida Kahlo, que buscavam dentro de si um significado para suas obras. Também presente em figuras como Walt Disney, dispostos a se aprofundar em imagens oníricas, de fantasia e contos de fadas.	O Artista de Capricórnio é mais seco, realista e objetivo, muitas vezes com uma visão mais pessimista e trágica do mundo. Foi responsável por alguns dos realistas do século XIX. Artistas rigorosos e comprometidos, que têm o intuito e o compromisso de apresentar a realidade e as dificuldades do mundo de forma escancarada.
O Artista de Leão é ousado, gosta de poder e *status* que a beleza e a arte podem adquirir. Faz obras de grande deslumbre e aceitação social. Sabe bem aquilo que vai encantar o público, e é comum usar suas obras ou beleza para se vincular à alta sociedade ou realeza.	O Artista de Aquário tem forte capacidade de se adaptar às mudanças da modernidade. É dinâmico e com uma nova visão do mundo, atento à modernidade e aos avanços da sociedade. Gerou alguns impressionistas, tidos como pais da arte moderna.
O Artista de Virgem é minucioso, e pode se esforçar para traduzir com cuidado os detalhes da vida cotidiana e de seu mundo. É habilidoso, atento aos detalhes, e tem capacidade de treinar e se dedicar muito.	O Artista de Peixes é muito sensível, pode ter uma tendência solitária e uma percepção de mundo incomum, trágica e melancólica, e mesmo assim consegue ver e entender aspectos do mundo que foram deixados para trás. Gerou muito dos pós-modernistas, como Van Gogh, Gaudí e Gauguin.

XI – O DRAGÃO (PLUTÃO)

Plutão seria, na nossa metáfora do Castelo, o Dragão, uma força terrível e inconsciente, impossível de se controlar e que tem vida própria. Representa muitos dos medos e de nossas reações instintivas diante da morte e da destruição. O Dragão possui um profundo poder e aguçados instintos, fareja o perigo em longa distância. É uma energia dúbia: de um lado, pode ter profunda sabedoria e força; do outro, luta por poder e disposição para reduzir tudo a cinzas. Todavia, não é uma fera a ser vencida, isso tem de ficar claro, mas a ser entendida, porque não é possível colocá-la para fora do Castelo. Quanto mais ignorado o Dragão, mais ele é capaz de crescer. É preciso entender seu papel ali e saber lidar com ele com cautela. Bom, sejamos justos, que graça teria um Castelo sem um dragão? É preciso algum drama nessa história.

Plutão foi o último planeta a ser descoberto. Ele é pequeno, por isso passou de planeta a planeta-anão e a planeta de novo. Mas a questão é que na astrologia não é difícil perceber sua passagem, ela é bem marcante e deixa um forte rastro de cinzas por onde passa. Plutão pressupõe que a energia que emana, seja ela qual for, é bem forte. Sua órbita é bem distante e elíptica, de maneira que ele demora períodos variados em cada signo, mas sempre longos, algo como 22 anos. Assim como os outros "renegados", ou seja, planetas transpessoais, o signo no qual ele se encontra tende a definir gerações.

O Dragão de Áries tem muito fôlego e um espírito renovado, está disposto a abandonar o passado e lutar com todas as suas forças para marcar o mundo com sua presença. Há um forte ímpeto criativo, difícil de ser parado; essas gerações tendem a marcar um forte começo para períodos históricos, incendiando muito do que foi estabelecido antes delas.	O Dragão de Libra é, possivelmente, o mais pacífico, apto a conversar, extremamente educado e elegante na sua forma de portar, e de grande vaidade dessas suas qualidades. Evita os conflitos, e sua geração preza pela beleza e harmonia no universo. Em alguns casos, denota gerações que lutaram pela civilização e justiça; em outros, pelo poder da imagem e vaidade.
O Dragão de Touro é daqueles antigos e muito resistentes. Absolutamente, determinado e paciente, há uma forte vontade de construir e consolidar um novo mundo, estável, onde ele se sinta intocável. A questão é pelo que ele está disposto a passar por cima para isso. Os dragões dessa geração tendem a ser muito resistentes, ter grande longevidade e forte senso estético.	O Dragão de Escorpião está enterrado em grandes profundezas, tem um forte conhecimento do escuro, e é o mais desconfiado e reativo de todos eles. Está pronto a reduzir tudo a cinzas ao menor sinal de perigo, sem ter de pensar. Suas gerações têm um forte componente de ousadia sexual, muita intensidade e fúria, e são difíceis de tratar, é necessária muita cautela. São determinadas e não estão dispostas a se render.

O Dragão de Gêmeos é extremamente esperto e astuto; o intelecto é seu grande forte, capaz de prever muitos movimentos no futuro. É elétrico e inquieto, com grande capacidade de confundir e às vezes trapacear. Fez aparecer gerações de forte tendência intelectual e com grande capacidade de modernizar o mundo.	O Dragão de Sagitário é inquieto e não pretende se prender a nada. Está disposto a romper limites e ultrapassar barreiras, alçar voos e explorar novas perspectivas e universos, deixando o passado e sua origem para trás. É impetuoso e ousado e, se necessário, pode estar disposto a queimar tudo ao seu redor para fazer renascer o mundo.
O Dragão de Câncer é o mais doce dos dragões. Há uma forte tendência amável e pouca disposição para a guerra, embate e destruição, a não ser que se sinta ameaçado ou ameacem aqueles de que gosta. Tende a produzir uma geração mais romântica e cansada de embates, pronta a tentar tirar aquilo que puder de mais verdadeiro e significativo do mundo e se contentar com isso.	O Dragão de Capricórnio é frio e severo, está disposto a sair de sua toca e estabelecer a qualquer custo a ordem do mundo. Tem imensa determinação e capacidade de transformação. É estratégico e incansável, apto a todo tipo de desafio. Tem uma índole arrogante, com forte consciência de suas capacidades.
O Dragão de Leão é realmente muito confiante e ama demonstrações de poder. Nasceu para marcar sua presença com fogo no mundo, incendiando e iluminando o mundo com sua vigorosa e encantadora chama. É focado em si mesmo, egocêntrico, mas tende a ter uma imensa capacidade criativa e habilidade de incendiar os palcos de uma forma que nenhuma outra geração costuma ver.	O Dragão de Aquário é esperto e tem forte capacidade intelectual, uma tendência a se envolver em longos debates ideológicos e uma disposição para a independência. Sua passagem tende a marcar aqueles momentos em que a humanidade, por meio de suas batalhas, desvinculou-se de tendências opressoras. Dá vazão a gerações de forte tendência intelectual e literária, com apreço pela mudança e pela modernidade.
O Dragão de Virgem é mais contido e bem mais discreto, preza pela eficiência física e tende a ser pouco agressivo. Sua função é organizar o universo e trazer ordem ao mundo, evitando os extremos e os exageros. Há uma preocupação com que, se o universo não entrar em ordem, possa acabar em colapso. É trabalhador e disposto a se dedicar de verdade.	O Dragão de Peixes é doce e sensível, conhece os profundos segredos do universo, e tem a capacidade de revelá-los, assim como os segredos da alma humana. A busca pela sabedoria interna é seu grande dom; é comum em gerações de grandes poetas, místicos, físicos e filósofos. Da mesma maneira, marca uma geração mais introspectiva e melancólica.

PARTE V – CASAS

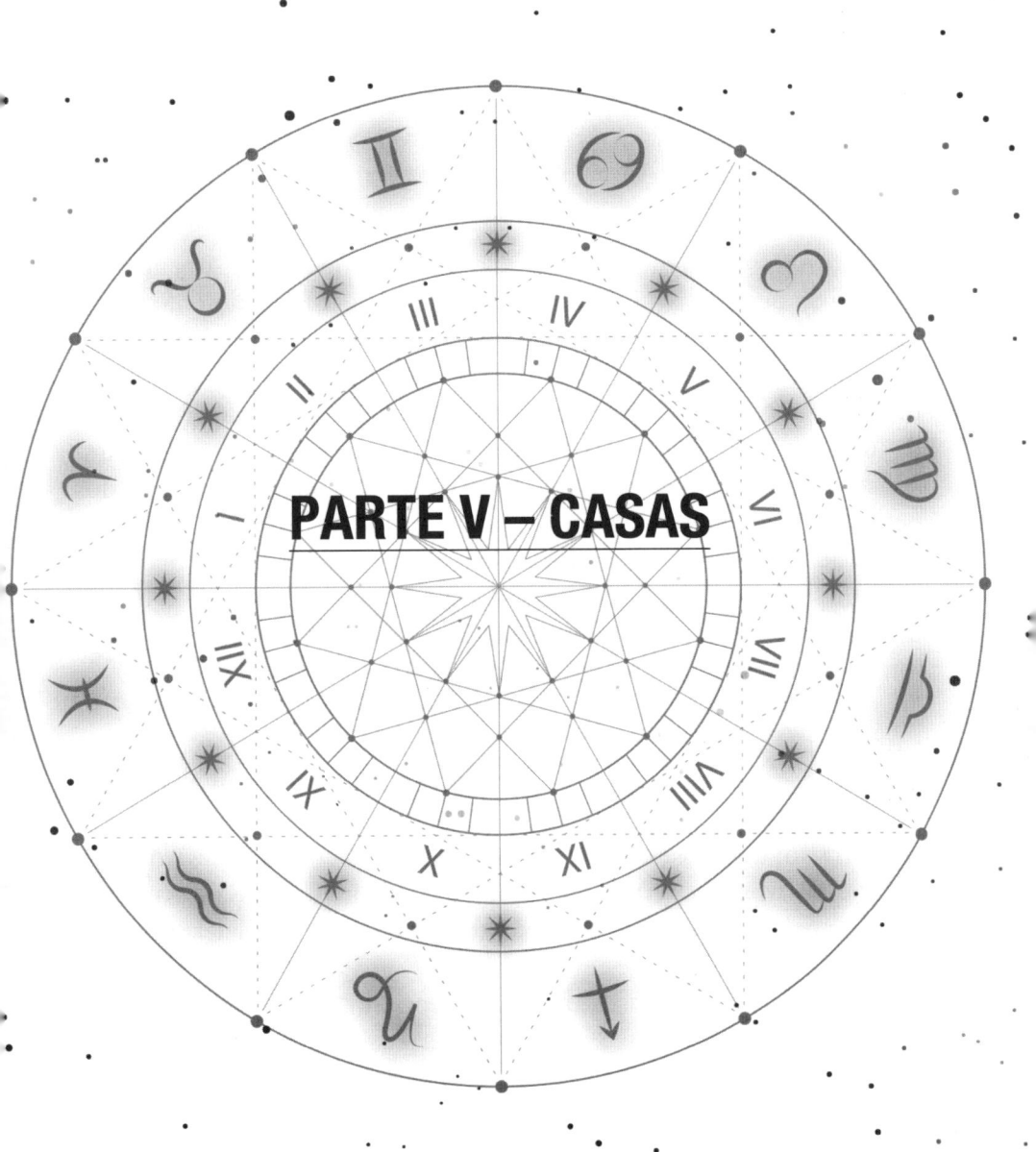

CASAS

Até aqui, avaliamos que nossa personalidade tem de ser encarada (dentro da perspectiva da astrologia) como um sistema no qual forças diferentes "lutam" umas com as outras, ora se apoiando e enfatizando, ora se contrariando ou opondo. Cada uma dessas forças representa um dos planetas (astros), e aqui são representados por um personagem dentro desse sistema que estabelecemos metaforicamente como um "Castelo". Agora, vamos entender que não só o signo onde cada um dos personagens (astros) se encontra define seu comportamento, mas também a posição em relação à Terra tem um forte impacto na forma como cada um deles se comporta. Ou seja, o lugar do Castelo onde cada um desses personagens está faz com que eles tenham o poder de governar um "espaço" específico da nossa personalidade.

Temos de supor que a personalidade possui uma unidade, mas não é um espaço único e uniforme. Está subdividida em setores (espaços) com funções distintas para nossa sobrevivência e desenvolvimento. Portanto, quando um planeta/astro no momento de seu nascimento se encontra em um desses diferentes espaços (Casas Astrológicas), ou seja, um desses diferentes cômodos do nosso Castelo, ele passa a governar esse setor da sua personalidade, regendo esse espaço e determinando, então, sua tendência.

Quando escrevemos, parece uma teoria bem complexa e, talvez, pouco plausível para quem não tem experiência prática na área, mas é justo imaginar que a personalidade possui setores e funções distintas. É fácil notar que a forma como uma pessoa se comporta em público é ligeiramente distinta de como ela se comporta no ambiente privado; que o jeito como lida com seu trabalho e profissão nem sempre é o mesmo, ou até semelhante a como lida com seu lar e família. Essa discrepância estranha na lógica do comportamento humano, que pode passar sem respostas e teorias de outras ciências, ganha aqui um conjunto complexo de possíveis explicações na astrologia.

Temos, portanto, de distinguir quais são exatamente esses espaços aos quais nos referimos, e vamos começar explicando quantos são. A resposta é óbvia: como os sumérios desenvolveram a astrologia e tentaram organizá-la com base no sistema matemático que melhor acreditavam explicar a dinâmica do tempo e do cosmos, esse "espaço" será, desse modo, dividido em 12 partes, assim como os signos foram divididos. Talvez, os espaços da personalidade sejam até mais numerosos ou ligeiramente menores, mas partimos do primeiro pressuposto. É verdade que há similaridades entre muitas das casas que fazem divisa umas com as outras, no entanto, esse sistema nos ajuda, nos dá boas referências, e é propício usá-lo tal como foi estabelecido tantos séculos atrás até que surja uma explicação melhor.

Nos próximos capítulos, vamos tentar explicar separadamente cada uma das 12 Casas Astrológicas, os diferentes espaços, suas funções e importância dentro da personalidade, utilizando nossa metáfora do Castelo.

I – A CASA I – PÁTIO DE ENTRADA

Já que entendemos a personalidade como esse Castelo, se a metáfora nos atende, diremos que a Casa I é a primeira casa, aquele primeiro espaço que se conhece na personalidade de alguém, portanto, poderia ser definida como o pátio de entrada do Castelo. O primeiro momento, um espaço destinado a balizar nossa relação com o mundo, divide o que pertence à nossa personalidade e o que é o mundo externo e nossa relação com ele.

É importante lembrar que esta casa abre com o ascendente, ele é a figura na porta que tem de sair, poderia inclusive ser comparado ao próprio portão de entrada do Castelo. É necessário deixar algo claro: o espaço de trânsito entre o interior da personalidade, aqueles pontos mais sensíveis, fundamentais ou vulneráveis, e o mundo externo, que pode ou não ser perigoso, não é um espaço de absoluta tranquilidade;

há uma forte tensão nesse ponto do Castelo, pois a função do que se encontra ali é, em parte, balizar a entrada e a saída do Castelo. Se necessário, impedir que algo de ruim ultrapasse esse ponto, ou mesmo estar preparado para se armar e avançar para fora do Castelo, com o intuito de vencer uma batalha ou desafio iminente dentro do mundo.

A Casa I é um espaço de enfrentamento, de provação. O personagem que estiver nessa posição, que governar esse setor do Castelo, tem de estar sempre pronto para qualquer desafio, e deve fazê-lo de maneira rápida e sem esperar necessariamente nenhuma ajuda. Outra forma, não tão simbólica, de determinar esse espaço seria, portanto, *a casa das suas capacidades individuais*. Aquele espaço onde a pessoa sente necessidade de provar para si mesma que é capaz de encarar desafios no mundo sem a ajuda de ninguém. É em grande parte como a própria pessoa se vê, e é importante para ela mesma provar e testar suas habilidades no mundo, de maneira que ela corresponda realmente àquilo que ela se propõe ser.

O que está na Casa I não pode ser escondido ou mascarado, pois se apresenta e se afirma no mundo. Um personagem ou signo nessa posição se tornará evidente para os que se aproximam dessa pessoa; será aquilo que vai ser visto e identificado primeiro, sempre que alguém tentar "entrar no Castelo". Podemos dizer que um astro nessa posição vai recepcionar todos os que se aproximam, ou até espantar, dependendo de quem é o personagem. Um planeta aqui vai balizar o que, ou quem, pode ou não entrar e interagir com o interior da personalidade.

O Rei (Sol), na Casa I, representa alguém de índole bem franca e direta, que não perde muito tempo e tende a responder com prontidão seus planos a qualquer um que se disponha a transitar pelo pátio. O senhor do Castelo recebe você na porta, sendo que o Rei não está disposto a jogar, prefere se provar individualmente no mundo, sem ajuda, é senhor de si mesmo, e tanto se desafia quanto desafia o mundo em termos de capacidade de discernir e decidir.	A Rainha (Lua) é, em geral, alguém amável, que tende a se provar como sensível, carinhosa ou generosa para com todas as pessoas com que entra em contato. A tendência é que ela receba com prontidão todos os que chegam ao pátio, e esteja disposta e propensa a cuidar e nutrir essas pessoas. Sua visão do mundo é mais doce e terna, e tende a inspirar confiança nas pessoas. Sente que precisa provar sua capacidade de criar laços e vínculos afetivos para com o mundo.

O Secretário (Mercúrio), nesta posição, tende a ser alguém que precisa provar para si mesmo que é capaz de encarar desafios intelectuais. Curioso e de postura desafiadora perante o mundo, tem de tirar suas próprias conclusões sobre tudo que vê e escuta.	A Estilista (Vênus), nesta casa, é alguém que não quer problemas com o mundo e prefere encarar os desafios de forma tranquila, evitando embates e desconforto. Preza muito por educação, boas maneiras, prazeres e beleza em tudo que faz no mundo.
O Chefe da Guarda (Marte), nesta casa, representa alguém disposto a agir ao menor sinal de provocação e desafio, pois acredita que tem de provar e garantir sua posição de xerife individualmente a qualquer custo. É mais competitivo e tem uma índole mais desafiadora em relação ao mundo.	O Professor (Júpiter), nesta posição, tende a dar muito valor e significado aos seus feitos individuais, e confiar muito na sua capacidade de mudar e transformar o mundo à sua volta. Há um forte otimismo e desejo de impressionar e marcar sua época com suas ações e decisões individuais.
O Juiz (Saturno), nesta posição, tende a ser alguém muito sério e rigoroso, tanto consigo mesmo quanto com o mundo. Tem uma postura mais taxativa, e acredita no dever pessoal de trazer ordem e organização para o mundo. Controla com severidade a entrada do Castelo, determinando quem entra e quem sai e por quê.	O Revolucionário (Urano), nesta casa, não aceita imposições ou determinações pessoais, preza pela liberdade de escolhas, ações e decisões individuais, e é um grande defensor do livre-arbítrio, não só para si mesmo, como também para todos os indivíduos. Acredita ter a responsabilidade de alertar e esclarecer o mundo sobre a tirania.
O Sonhador (Netuno), nesta casa, costuma ser alguém de muita sensibilidade, de tendência dócil, que evita qualquer tipo de agressividade ou imposição. É, também, pouco capaz de barrar os avanços maldosos ou mal-intencionados do mundo externo, tendo uma inclinação a permitir que atravessem o pátio. Por isso, tende a evitar situações que possam lhe ser difíceis de resolver sozinho.	O Dragão (Plutão) no pátio de entrada do Castelo representa um perigo, assim, tanto sair quanto entrar se tornam tarefas perigosas e possivelmente destrutivas. O Dragão é amplamente desconfiado e intuitivo, e pode estar disposto a rebaixar tudo às cinzas caso algo lhe pareça potencialmente perigoso. É uma posição de tensão e desafio, representa alguém que vê o mundo externo como ameaçador e vai responder à altura, se sentir necessário.

II – A CASA II – A DESPENSA DO CASTELO

Este é um espaço do Castelo destinado a guardar e preservar tudo aquilo que é indispensável à sua manutenção e sustentabilidade. Isso significa, dentro da nossa metáfora, estocar comida, carne e grãos para não ninguém morrer de fome; estocar madeira para que seja possível aquecer o Castelo no inverno; juntar peles e roupas para não morrer de frio, e assim por diante. É claro que hoje podemos não estar falando propriamente de madeira, peles, grãos e carne, mas a dinâmica é semelhante. Esta casa tem a função de estocar e preservar tudo aquilo de que você precisa fisicamente para sobreviver. Na verdade, tudo o que você tem como sendo seu, qualquer bem ou recurso vai ser avaliado e mantido segundo a forma como a sua Casa II é regida. Se houver dúvidas sobre o que seria um recurso pessoal para alguém, você pode imaginar tudo e qualquer coisa que se possa vender se um dia passar fome e precisar se alimentar. Visto a partir desse ponto, é possível entender como esta casa é fundamental. É indispensável lembrar que é necessário, em muitos momentos, defender sua despensa, preservá-la do outro para garantir a sua própria integridade, ou mesmo batalhar e lutar pelo que é especificamente seu. É um espaço que traz com clareza a noção de posse ou propriedade.

Em muitos livros de astrologia, esta casa aparece como "a casa do dinheiro". De fato, "dinheiro" é um recurso e você pode dispor dele com facilidade para ter aquilo de que precisa para sobreviver. Uma boa reserva de dinheiro pode garantir a compra de recursos fundamentais, mas é UMA forma de recurso, resumir esta casa especificamente a dinheiro ou finanças é reduzi-la a algo menor do que ela realmente é. Sua casa é um recurso, seu carro, os alimentos dentro da sua despensa também o são.

Vamos lembrar sempre qual é seu recurso mais básico e fundamental. Seu primeiro e principal recurso, aquilo que somente lhe pertence, do qual você dispõe e pode usar: seu corpo. Esse é seu recurso mais precioso e mais fundamental de todos, aquilo de material do qual ninguém mais além de você mesmo tem o controle e a decisão. A Casa II também nos revela muito sobre nossa relação com o corpo, encher a despensa pode significar igualmente nutrir bem o seu corpo, preservar o que você dispõe de importante também é preservar esse recurso. Não é, portanto, incomum que grandes atletas, que dependem diretamente de seu próprio corpo para seu sustento, tenham um conjunto forte de astros dentro desta casa. Ou também pessoas que lidam com saúde e preparo corporal, tal como aqueles que lidam com finanças e administração de recursos.

O Rei (Sol), que comanda o Castelo a partir desta casa, é alguém que toma decisões sempre levando em conta seus recursos e possíveis ganhos ou perdas materiais. É um Rei de tendência mais cautelosa e realista, que se orgulha imensamente de tudo aquilo que conseguiu conquistar e adquirir na vida, o qual entende que seu valor como Rei provém da sua capacidade de encher e articular sua despensa, finanças ou o seu corpo. Muitas vezes, trata de pessoas que não aceitam que outro Rei, senão ele, pague suas próprias contas.	A Lua, nesta casa, tem uma posição mais receptiva ao material, há uma necessidade emocional de se ter estabilidade financeira e física, e uma disposição a criar laços com aqueles que podem cooperar com a despensa. Há uma forte delicadeza com seus recursos e, muitas vezes, um apego emocional a eles, assim como uma delicadeza para tratar da matéria em geral, todas as coisas e seu próprio corpo. A Lua precisa ser nutrida, e aqui significa tanto se alimentar bem e receber recursos do outro, como também fornecer recursos indispensáveis a ele.
O Secretário (Mercúrio), nesta posição, significa alguém com grande capacidade de oferecer inventários claros sobre a despensa e com habilidade de fazer planejamentos dentro da área financeira, alguém que entende como gerenciar de forma efetiva esse espaço. Mercúrio é em geral inquieto, precisa de movimento, e, nesta casa, significa comprar algo mais barato aqui, mas vender mais caro lá, de forma a manter o espaço em movimento. São muito bons para lidar com comércio, pois são também muito bem informados sobre o valor de tudo.	A Estilista (Vênus), nesta casa, significa invariavelmente que a despensa tem de ser muito bonita, de alta qualidade. Não só o espaço deve ser muito bem decorado e harmônico (não falamos, portanto, de um porão sujo com alguns barris), mas também os insumos que ali entrem devem ser refinados tal como ela mesma entende merecer. A Vênus, na Casa II, tem muita habilidade para discernir no mundo material aquilo que tem valor em si, que é de qualidade e de grande beleza. É propícia para artistas também.

O Chefe da Guarda (Marte), nesta posição, está bem apto a defender a entrada da despensa de qualquer possível ataque ou furto. É bastante enfrentativo, sabe bem o que é seu e não está disposto a ceder. Orgulha-se de ser um grande caçador, capaz de encher bem sua despensa, e pode ser competitivo nessa área. Luta com garra por aquilo que quer adquirir e pode ser incansável. Essa batalha pode ser também corporal, alguém que sabe usar seu próprio corpo e habilidade para fazer fortuna.	O Professor (Júpiter), nesta casa, significa um tipo de especialista em recursos e finanças, um professor dentro da área econômica e administrativa, com grande potencial e capacidade financeira ou mesmo física. Em outra perspectiva, pode ser um especialista em matéria, em tudo que é físico e material. É comum em grandes artistas que olham para o mundo de forma mais aprimorada e significativa. Igualmente, pode ser um grande especialista em corpo, capaz de usar seu próprio corpo de maneira efetiva e inteligente.
O Juiz (Saturno), nesta casa, significa uma despensa trancada com chave, altamente regulada, onde tudo que se faz nela tem de ser justificado e ter real necessidade. Há um forte apreço pelo material e uma necessidade de economizar os recursos, utilizando-os apenas de forma produtiva e significativa. Assim como o próprio corpo, há uma severidade e um rigor também para com este e seus prazeres. Há, nessas pessoas, uma forte capacidade para passar por provações e resistência física, no intuito de preservar os recursos para possíveis situações difíceis.	O Revolucionário (Urano), na despensa, significa alguém que questiona o significado e a validade dos recursos como são entendidos comumente. Alguém que pode ver neles uma forma de aprisionar o homem, e que pretende abandonar ou ultrapassar os condicionamentos materiais e corporais, tais como suas necessidades. Há uma forte tendência intelectual aplicada à dinâmica dos recursos e da matéria ou uma grande necessidade de inovar e modernizar toda a despensa ou o próprio corpo.

O Sonhador (Netuno), nesta posição, indica alguém com dificuldade de barrar os avanços feitos em direção à sua despensa, ou seja, alguém que dificilmente cobra algo que merece por seus esforços, ou que nega entregar algum de seus recursos quando o outro precisa ou requisita. Netuno é o menos agressivo de todos os astros, há uma vontade genuína de não ter conflitos sobre as posses. É um sinônimo de verdadeira generosidade na pessoa, alguém que não se importa tanto com as posses materiais, assim como é sinônimo de alguma ingenuidade com a administração e segurança da despensa. Em contrapartida, existe uma forte sensibilidade com toda a matéria e corpo, uma percepção única desse universo.	O Dragão (Plutão), na despensa, é o mesmo que um dragão em sua sala do tesouro, deitado sobre pilhas e pilhas de ouro. Ele representa poder, determinação e capacidade. A pessoa com esse posicionamento está disposta a se dedicar com afinco a encher sua despensa e pode parecer incansável. No entanto, secretamente, ela sempre teme perder absolutamente tudo. O Dragão é muito desconfiado e pode achar que conspiram contra ele e seus bens, ou mesmo que algo pode tirar tudo dele, que é o que mais teme. Tende a ter sempre uma reserva escondida ou uma carta na manga, e nunca será pego desprevenido. Pode ser alguém que leva o corpo e suas capacidades físicas ao limite. Nunca se arrisca desmedidamente.

III – A CASA III – CENTRAL DE COMUNICAÇÃO DO CASTELO

Este é um espaço de abertura para o mundo externo. Poderia ser considerado uma janela da personalidade destinada ao mundo exterior, aquele espaço onde você percebe e se informa sobre os eventos que são externos a você. Toda nova informação, todo novo conhecimento passa por esta casa. Significa que se você abre um jornal, escuta a fofoca da vizinha sobre alguém da cidade, ou se matricula em um curso, tudo isso é uma nova informação que vem do mundo exterior, e transita, portanto, dentro desta casa. É por isso que ela também está muito associada à ideia de "escola".

A escola para uma criança, ou o jovem, é o espaço onde toma conhecimento do funcionamento e da dinâmica do mundo. Ali, estão (ou deveriam estar) todos os conhecimentos fundamentais para entender o mundo no qual o estudante está inserido. Então, sim, a escola é uma ótima metáfora para a Casa III. Na verdade, é fácil entender esta casa avaliando como foi a vida escolar de alguém. No entanto, ela não para ou se limita aí, porque mesmo adulto, é preciso recordar que toda nova informação passa e passará por esta casa. E isso vai desde uma notícia sobre política em um jornal até uma nova descoberta científica, bem como uma simples fofoca sobre terceiros, contada casualmente em um bar.

A palavra-chave para esta casa é "conhecimento", porque ela é a casa onde tomamos conhecimento do mundo, das pessoas, dos eventos e dos fatos. O conhecimento se contrapõe à sabedoria, são distintos, mesmo que pareçam sinônimos ao primeiro olhar. Quando avaliamos outras línguas, como o inglês, percebemos que *knowledge* se opõe muitas vezes a *wisdom*. O conhecimento significa "tomar ciência de", saber que existe ou como funciona algo, como pode ser usado ou aplicado. A sabedoria pode ser mais relacionada à Casa IX, pois pressupõe uma reflexão e avaliação dos valores, uma busca e exploração dos porquês e dos significados das coisas. Uma avaliação própria de conceitos, ideias e pensamentos.

Um astro (personagem), na Casa III, é responsável por como as coisas acontecem ali, tem o comando sobre como o conhecimento deve se dar ou que tipo de assuntos abordar, ou como abordá-los. Pode ser alguém mais competitivo sobre o conhecimento, ou mais suscetível, mais questionador; ou até mesmo mais responsável e dedicado. De qualquer forma, um personagem dentro desse espaço pode significar alguém de tendência intelectual, que valoriza o saber e tem um talento para essa área.

O Rei (Sol), nesta casa, significa que ela é de extrema importância para o Castelo. Toda a personalidade, todas as decisões e aquilo que se valoriza passam pelo conhecimento e pela informação. É importante demonstrar que se sabe, e teremos um Castelo de tendência ou intelectual ou ligada à informação e à atualização. É preciso demonstrar que a fala, a escrita e o intelecto são potentes dentro deste reino; é comum em cientistas e escritores.	A Rainha (Lua), nesta posição, representa um imenso interesse pela informação, uma fome de conhecimento inesgotável e, mesmo assim, uma forte delicadeza. Não é alguém intelectualmente competitivo; na verdade, tende a ser sensível ao conhecimento, disposto a escutar com atenção e disposição, a nutrir o outro com informações ou talvez ensinar. Há abertura para o saber, grande possibilidade de receber com carinho toda nova informação.
O Secretário (Mercúrio), nesta casa, da informação e do conhecimento, é muito propício ao desenvolvimento de todos os temas trabalhados aqui. Há destreza e muita curiosidade referente a tudo que se trata de novas informações. Há grande disposição para a comunicação em geral e por novos e diferentes conhecimentos, querendo nunca se prender ou se limitar a uma única área ou tema.	A Estilista (Vênus), nesta posição, significa que o conhecimento, o aprendizado e a informação são levados a sério, mas devem acontecer da forma mais agradável possível. Preza-se pela beleza e pela educação em tudo o que se comunica. Há um talento para falar e escrever bem, ou seja, com beleza. Discussões e debates mais agressivos são incrivelmente incômodos para quem tem essa configuração.
O Chefe da Guarda (Marte), nesta casa, significa que a pessoa está pronta para qualquer embate dentro da arena do conhecimento. Está bem-disposta a se defender sobre "quem sabe mais" ou "quem sabe o que", e pode ser bem competitiva sobre adquirir conhecimento e informação. Com certeza, odeia rodeios e perder tempo, prefere ir direto ao ponto. Também há uma disposição para conquistar território, caçar ou buscar novas informações, "lugares" que outros não conhecem.	O Professor (Júpiter), nesta posição, pode indicar um especialista em conhecimento ou comunicação. Um tipo de mestre muitas vezes com grande facilidade de entender e adquirir essas informações e se aprofundar nelas, indo muito além da superfície com disposição para saber sempre mais. Também representa certa confiança ou arrogância sobre o saber, e como o *mestre* está nesta posição, pode ser difícil achar um professor ou escola que essa pessoa respeite.

O Juiz (Saturno), nesta casa, tende a levar muito a sério o conhecimento, é muito rigoroso e pode ter várias restrições sobre "o que saber", "onde se informar" ou "o que levar a sério". Cobra demais de si mesmo e dos outros, e tende a ser incrivelmente dedicado aos assuntos que decide investigar e se aprofundar, tendendo a classificar e hierarquizar suas informações com cuidado. Pode ter uma tendência mais conservadora no que se refere à ciência escrita ou ao ensino.	O Revolucionário (Urano), neste espaço, tende a não querer se prender ou se limitar ao conhecimento convencional, está disposto a inovar e romper barreiras no campo do saber. Não tem nenhuma inibição em propor algo novo ou inusitado, e pode acreditar que instituições de ensino são demasiadamente ultrapassadas ou limitadas. Há uma tendência mais agressiva e ousada no que se refere a ciência, informação, ensino ou escrita.
O Sonhador (Netuno), aqui, representa muita sensibilidade e abertura para o conhecimento, ou seja, uma ampla disposição para ouvir, mas certa vulnerabilidade para se impor ou lutar pelo conhecimento, de forma que a pessoa pode ser suscetível. Há a possibilidade de se acreditar demasiadamente em algo, ou não avaliar com cautela suas informações, ou mesmo se distrair. O Sonhador aqui pode facilmente perder o foco. No entanto, há também muita delicadeza e sensibilidade na fala, escrita e comunicação, que podem ser revertidas em talento para falas capazes de convencer e sensibilizar, tanto quanto para literatura e poesia.	O Dragão (Plutão), nesta casa, representa forte desconfiança e certo medo de que o conhecimento ou a informação recebidos possam ser destrutivos ou perigosos, para si mesmo ou para os outros. A pessoa é defensiva e encara este ambiente como um lugar perigoso que deve ser explorado com cuidado. Tende a não acreditar em tudo o que lê ou escuta, e prefere pesquisar e se aprofundar por conta própria. Há um forte poder de concentração e de se dedicar a uma informação, conhecimento ou escrita. A pessoa pode se aprofundar em áreas do conhecimento que outros preferem evitar e estar disposta a revelar (ou guardar) segredos perigosos.

IV – A CASA IV – O LAR E AS RAÍZES

É um espaço de reflexão, descanso e interiorização, e sua influência poderia ser descrita como abstrata ou subjetiva. Em muitos livros, é definida como a casa do lar e da família, o que não é um engano, mas, com certeza, não é toda a verdade. Quando nos aprofundamos, tentando entender esta casa, fica fácil perceber que ela é bem mais profunda e está ligada à ideia de "raízes" e de nossas origens. Vou afirmar que é a casa dos **valores culturais**, tudo aquilo que você carrega da sua origem cultural, ou seja, o que se valoriza e prioriza com a intenção de se formar um ser humano verdadeiro. Então, é um espaço de demasiada importância e tem muita repercussão dentro de uma personalidade. É claro que nem todos os valores culturais são necessariamente bons, isso é verdade, mas, em geral, são os valores e princípios culturais de seus antepassados que trouxeram você até onde está, e pouca gente reflete sobre isso. Em geral, esses valores são passados pelos pais e avós, mas a família seria um último galho dentro dessa estrutura que poderia ser descrita como uma espécie de "árvore", cujas raízes podem ser bastante profundas. Talvez, alguns nunca desçam muito aqui e identificarão as energias dispostas nesta casa com sua relação com a família mesmo. No entanto, não é incomum que uma forte configuração aqui, ou seja, alguns personagens (astros) façam a pessoa estar disposta a descer até seus pontos mais originais e profundos, tentando entendê-los e preservá-los ou até atacá-los. Assim, dependendo da configuração, podemos ter alguém disposto a defender esses valores diante de qualquer ameaça a eles, assim como a própria família e o lar. Em outros casos, como veremos, alguns planetas podem ter uma forte disposição de romper com esses valores ou inová-los.

Dentro da nossa perspectiva simbólica da estrutura da personalidade humana como um Castelo, teríamos de descrever este ponto como "o Lar" do Rei, aquele espaço onde ele descansa, sente-se seguro para colocar o pijama e fazer uma refeição, em que estão seus entes mais queridos, lembranças e relíquias de seus antepassados; um lugar no qual poucas pessoas teriam a permissão de entrar. Lembre-se, por exemplo, de que é um evento muito delicado e apreensivo quando se apresenta de fato alguém com quem se começa a relacionar para sua família. É comum que uma configuração aqui se apegue muito às suas origens e antepassados, e seja curioso ou orgulhoso de seus valores culturais, pátria e ou sua própria família.

O Rei (Sol), nesta casa, representa uma personalidade mais introvertida. A consciência se apresenta em um espaço de reflexão e de valores, e deve preferir se retirar de cena, sendo mais presente no ciclo familiar ou íntimo, no qual se sente mais à vontade. Há tendência reflexiva, e um possível apreço pela história e cultura, querendo se mostrar capaz de valorizar suas origens ou defendê-las e preservá-las. Gostaria de ter um papel de responsabilidade para com a continuidade de sua família, história ou terra de origem.	A Rainha (Lua), neste espaço, significa uma forte disposição em constituir e cuidar do ambiente familiar. Há um imenso vínculo emocional com suas origens, e pode ser difícil desapegar ou abandonar a família e o lar. É de tendência dócil e afetiva para com suas origens, e busca intuitivamente construir, cuidar, proteger e preservar sua cultura, seus valores originais ou familiares. Pode haver um forte desejo de entender e se aprofundar em sua história, assim como um forte desejo de constituir um lar e família.
O Secretário do Castelo (Mercúrio), aqui, pode representar uma imensa capacidade de organizar e expressar os valores culturais. Uma habilidade de transmitir e simbolizar com precisão valores que estão enraizados no íntimo de toda uma cultura. Há um desejo que o ciclo familiar e o lar sejam um ambiente de tendência intelectual, movimentado, com muitos debates e descobertas. O medo é que o lar seja monótono e/ou não se dê sequência às capacidades intelectuais. A pessoa pode aparentar timidez fora do ambiente familiar, mas ser bem-disposta e falante quando se sente "em casa".	A Estilista (Vênus), nesta casa, significa que o lar não pode ser um lugar de conflito. É muito importante que o ambiente familiar seja um espaço agradável e harmônico, e haverá disposição para tentar manter esse objetivo. Qualquer desarmonia ou embate ali é muito doloroso, e a pessoa vai preferir se afastar ou isolar. Pode haver uma propensão a tornar e constituir o lar como um espaço agradável e muito bonito, assim como pode haver habilidade para resgatar e preservar valores estéticos da sua cultura e origem, esforçando-se para simbolizá-los e representá-los.

O Chefe da Guarda (Marte), nesta posição, indica uma forte disposição para o embate, para se posicionar com clareza e estabelecer seu território e limites dentro dos temas família e/ou valores culturais. Essa pessoa não está disposta a ceder território e tenderá a defender com garra seus valores. Não é incomum que se apresente como alguém com disposição a lutar ou defender sua pátria, seja em conflitos verdadeiros, seja em competições esportivas. Esta pessoa está disposta a lutar pelo que ela acredita, e tem uma tendência mais conflituosa dentro do ambiente familiar e/ou de origem.	O Professor (Júpiter), nesta casa, representa uma consciência de sua cultura e valores, um tipo de mestre em entender as raízes simbólicas que dão vazão ao comportamento e aos valores fundamentais e estruturais de seu povo ou, ainda, da sua família. Em geral, há um forte valor nacional, e uma compreensão natural e intuitiva dos princípios que sustentam o que seria verdadeiro e valoroso, que se deve ensinar a preservar, portanto, há uma forte disposição para entender e resgatar antigos valores. Também há uma disposição de assumir um papel de destaque frente à família ou ao que considera como os seus e sua nação, assumindo cargos de alto-comando e responsabilidade.
O respeitável Juiz (Saturno), aqui, representa um ambiente familiar mais seco, rigoroso e severo. É possível que a pessoa não se sinta à vontade ou confortável em relação à sua família ou lar, ou mesmo em relação à sua origem cultural. Não é incomum que falemos de pessoas que sentem alguma falta emocional ou de acolhimento em relação à sua origem e valores. Mas, mesmo diante desse sentimento, é comum que seja alguém que assume uma forte responsabilidade sobre o seu lar e sua família ou sobre seu papel dentro de sua cultura. Há um interesse em evidenciar os valores sobre bem e mal e certo e errado, dentro da história e tradição de seu povo ou nação.	O Revolucionário (Urano), nesta casa, desconfia dos valores culturais de sua família e nação e tende a se rebelar ou romper com eles. Há uma forte disposição a não se prender ou limitar pela família ou por valores tradicionais de sua cultura e terra natal. É comum que essas pessoas questionem veementemente os valores como sendo impostos ou infundados, e estejam dispostas a fazer uma grande reflexão intelectual sobre eles, ou, até mesmo, abandonar qualquer responsabilidade para com a tradição, lar ou família. Está presente em figuras como Nietzsche, que coloca em suspeita os valores morais, assim como Lutero, que rompe radicalmente com a Igreja Católica e funda uma nova religião.

O Sonhador (Netuno), nesta casa, indica uma imensa sensibilidade para as tradições e os valores de sua comunidade e família. A pessoa está disposta a se doar, e sempre que requisitada no lar, não se opõe diretamente. De um lado, significa uma profunda ligação e intuição sobre os valores culturais que herdou, e uma forte capacidade de simbolizar e expressá-los de forma subjetiva ou simbólica; também significa um forte comprometimento com sua família, estando disposta a abdicar de pretensões pessoais em prol daquilo que a família necessita ou pede. Do outro, representa certa vulnerabilidade aos desejos dos pais e dos antepassados, e submissão aos valores culturais herdados.	O Dragão (Plutão), neste espaço, é um indício muito forte de que este ambiente é sentido de forma perigosa pela pessoa. Há, portanto, dois possíveis medos fundamentais: o primeiro é de que a família e os valores culturais sejam destrutivos e a pessoa esteja em risco. É um medo estrutural, pois a casa tem essa tendência, e a pessoa pode crescer e se desenvolver com esse medo. O segundo é o medo de que haja ameaças à sua família ou valores culturais, e seja necessário agir de forma forte ou agressiva para defender seus valores diante de qualquer crítica ou desvio, podendo se tornar pessoas com tendências xenofóbicas ou, em outros casos, pais muito controladores e mais rigorosos.

V – A CASA V – SALÃO DE FESTAS DO CASTELO

Vamos resumir esta casa como aquele espaço da personalidade destinado a uma abertura para a sociedade. O que é a festa, senão só um momento de alegria, mas um momento em que há o encontro com a sociedade para comemorar e celebrar. Ninguém dá uma festa sozinho, ninguém abre o salão de festas para comemorar sozinho. Esse espaço é destinado à sociedade e a uma relação com os outros, ou seja, muito mais que simplesmente um espaço de lazer. Sempre peço que meus alunos imaginem situações distintas das que conhecemos hoje. Nossa sociedade é bem complexa, e fica fácil a gente se perder na tentativa de compreender a astrologia dentro dessa estrutura já tão complexa. Portanto, imaginem algo como 200 anos atrás e uma família que vive no campo, de certa forma isolada e sem facilidade de contato para conhecer muitas pessoas novas, certo? Digamos que essa família tem filhos e que não é fácil gerar ou achar pretendentes para eles, à medida que vão se tornando adolescentes. Uma ótima solução para essa questão é no aniversário de 15 ou 16 anos dele ou dela dar uma grande festa e convidar todos os outros garotos ou garotas das redondezas com idades semelhantes, bem como seus familiares, que possam ser possíveis pretendentes, e apresentar o filho ou filha a todos. Bom, não é uma má ideia, o que se faz em geral é bem simples, você enfeita toda a casa, ou todo o salão de festas, com tudo o que tem de melhor; enfeita sua filha com o melhor vestido ou coloca a melhor roupa no garoto e faz um grande banquete; reúne todos os convidados. Desse modo, toda a comunidade vai ter um tipo de impressão específica da sua família, casa e filhos, e isso resume em muitos sentidos o que é a casa V, associada à festa, ao lazer, à diversão, a flertar e, também, relacionada com os filhos.

Poderíamos dizer que a casa V é tudo aquilo da sua personalidade que você deseja expor à sociedade, que você quer que seja visto, e, portanto, pode também ser descrita como "**A Vitrine**" – ou como a pessoa se mostra à sociedade e que importância ela dá a isso. Em geral, planetas nesta casa demonstram alguém que sabe se apresentar e sabe como causar um impacto na sociedade e nos outros, sabe se vender e se promover.

Vem, assim, uma terceira concepção desta casa: "O Palco". Não há dúvidas de que o teatro, o cinema são espaços de Casa V. O teatro, o picadeiro, o palco são aqueles lugares onde grandes temas e histórias encantam toda a sociedade, espaços nos quais todos pretendem se encontrar e se encantar. É tanto um espaço de deslumbre quanto de encontro, conversa e paquera.

Se voltarmos ainda mais no tempo, teremos um último deslumbre desta casa: o que é a comemoração para as sociedades mais arcaicas? Uma das festas mais fundamentais é a comemoração da colheita. Você trabalha o ano todo e, no fim, dá sentido àquele resultado, a prosperidade, todo mundo para tudo para celebrar o resultado desse trabalho da vida e da prosperidade da sua sociedade. Assim, a Casa V não é um espaço de trabalho, mas, principalmente, de celebração, e devemos lembrar que toda celebração arcaica é mágica/sagrada para entender esta casa.

O Rei (Sol), governando o Castelo por meio do Salão de Festas, representa alguém com imensa consciência sobre a forma com o que os outros o veem e percebem. Corresponde não só a uma grande capacidade de causar impacto dentro da sociedade, de saber bem como se mostrar aos outros, como revela também um imenso interesse nisso. Sua imagem pessoal e reputação têm grande valor para ele; há habilidade para exercer poder aí, tanto que é comum em figuras de tendência política. Há, igualmente, forte interesse pelos palcos e pelos espetáculos, e é comum encontrar atores ou dramaturgos que visam sintetizar e expressar a vida da sociedade por meio de suas obras. Há um gosto pela aparição pública, assim como por festas e eventos sociais.	A Rainha (Lua), no Salão de Festas, representa um grande desejo e necessidade de integrar e participar dos eventos da sociedade. Tem imenso potencial criativo, uma forte intuição sobre como se colocar e se mostrar de forma agradável, a fim de encantar e ganhar a simpatia da sociedade. Há forte sensibilidade e apreço pela imagem que a sociedade faz da pessoa, portanto, há bastante preocupação sobre como os outros a veem. Existe um desejo de ser visto como alguém agradável e amável, e haverá esforços nessa direção. Em geral, há um impulso de sempre receber as pessoas nos eventos e festas e na vida pública, de forma agradável e cuidadosa, sendo muito acolhedora e sensível aos outros. De qualquer modo, há muita capacidade e habilidade para se apresentar.
O Secretário do Castelo (Mercúrio), nesta posição, representa alguém socialmente inquieto e muito ativo nos eventos. O indivíduo é, em geral, muito comunicativo, tende a conhecer muitas pessoas e ter facilidade em se expressar em público. É comum que esteja muito bem informado sobre todos os eventos da sociedade, e saiba dar notícia sobre todos os shows, peças, exposições, inaugurações, assim como lugares mais frequentados. Há também um forte apreço para ser visto pela sociedade como alguém inteligente e intelectual, e haverá forte esforço nessa área.	A Estilista do Castelo (Vênus), no Salão de Festas, significa que todas as festas, toda a aparição têm de ser muito bem planejadas e elaboradas. Há necessidade de harmonia, beleza e encantamento, tanto nas festas e eventos quanto na forma como a própria pessoa se apresenta. É provável que qualquer falta de harmonia e equilíbrio dentro da diversão, dos eventos, cause um grande impacto negativo, e a pessoa prefira se esquivar com delicadeza a permanecer no local. Por outro lado, há um apreço pela beleza, é importante para ela ser vista como alguém elegante e agradável, educada e charmosa, ou mesmo apreciada por sua beleza.

O Chefe da Guarda (Marte), no Salão de Festas, está pronto a defender seu território, está disposto a se provar dentro dos palcos e dos eventos sociais, não liga de correr riscos nem se importa em fazer inimizades. Pode ter uma predisposição pelo desafio e pelo perigo, e gosta de provar que é capaz. É o tipo de pessoa que, se precisar, sai sozinha para se divertir sem nenhum problema. Pode ser um tipo de caçador ou conquistador nas festas, alguém que pode incomodar outros pelo excesso de atitude neste espaço. Pode gostar de ser visto como alguém autossuficiente e pronto para a ação.	O Professor (Júpiter), nesta Casa, é um especialista em palco, um mestre das apresentações, com imensa criatividade e capacidade de encantar e cativar qualquer público. A sensibilidade e a abertura se combinam com muita habilidade para encantar e, em geral, há uma disposição agradável e alegre para as festas e eventos sociais. Consegue reconhecer tendências e traduzir com facilidade nuances da sociedade e da cultura ao seu redor, trazendo significado e consonância para com o seu momento na história. Tem tendência a ser muito influente e marcante e com bastante carisma.
O Juiz (Saturno) representa um Salão de Festas com muitas restrições, e é visto com muito rigor e seriedade. Toda aparição pública tem de ser muito bem pensada e estruturada, há receio sobre sua reputação e a forma como os demais o devem ver. É alguém que preza muito por sua imagem dentro da sociedade, e prefere ser visto como uma pessoa séria e responsável, e vai se dedicar a isso. Exatamente por isso pode ser alguém com dificuldade de se divertir e se soltar, como se se sentisse julgado constantemente pelos outros. Mesmo assim, é um especialista em palcos, festas e espetáculos, e sabe com clareza como articular eventos não só em cima do palco como também, e principalmente, nos seus bastidores.	O Revolucionário (Urano), nesta Casa, representa principalmente figuras que ousaram dentro dos palcos; pessoas que se arriscaram e mudaram uma tendência ou comportamento, que fugiram do padrão e dos costumes sobre o que se espera de uma festa ou espetáculo. Há uma necessidade de não se repetir, de fugir do comum. Uma imensa vontade de inovar o mundo de forma criativa e fazer algo inusitado, que ninguém espera. O medo dessa pessoa é passar por ultrapassada ou por banal, portanto, ela se esforça bastante para causar um impacto nos outros, ser diferente. Há, aqui, um forte lampejo de criatividade, realmente inovadora, e um gosto pelo diferente nos eventos e festas.

O Sonhador (Netuno), neste espaço, significa alguém que se apresenta de forma mais doce à sociedade, não se esforça para impor nada ali, bem como pode não lutar diretamente pelas suas vontades no palco, na vitrine ou nas festas. Alguém que simplesmente segue o fluxo e prefere deixar que as coisas aconteçam naturalmente. Pode indicar alguém predisposto a captar e seguir tendências com muita facilidade, às vezes de forma intuitiva, trazendo à tona parte da vontade de toda uma sociedade. Tem grande intuição e sensibilidade para aquilo que agrada a todos. Também, alguém predisposto a ser solícito e que dificilmente se recusa a dar atenção para alguém em público, desse modo, pode também ser vulnerável às massas e precisar se recolher ou evitar alguns contatos para não se desgastar.

O Dragão (Plutão), nesta Casa, significa que as festas são ou devem ser perigosas e temidas. Pode haver um gosto por eventos sombrios e obscuros, pois a estética que lhe agrada e atende é mais chocante e *tenebre*. Aguçar os sentidos, estar alerta e esperar por um susto ou arrepio é algo que lhe dá certo prazer, que pode diverti-lo. Da mesma forma, pode haver certo medo da sociedade e dos eventos, e um desprezo pelo requinte e pela elegância, visando principalmente às "masmorras", ao submundo, às cavernas e a todos os lugares mais secretos. A criatividade é intensa e profunda, e despreza a graciosidade. Pode haver um desejo de passar uma imagem mais sombria ou de mais imponência e poder para a sociedade.

VI – A CASA VI – OFICINA

Se a Casa II representa os recursos do Castelo, tudo que é necessário guardar e estocar para a sua sobrevivência, a Casa VI representa o espaço onde esses recursos serão trabalhados e desenvolvidos para terem um uso ou utilidade. Digamos que o que temos imediatamente na II seja especificamente "comida", logo, o ato de cozinhar, de separar, picar e cozinhar esses alimentos será, portanto, um ato destinado à Casa VI. É um espaço da personalidade dedicado ao trabalho em si, em executar tarefas. Se a Casa II representa os recursos fundamentais, aqui teremos um espaço destinado a todas as tarefas essenciais que um ser humano deve executar para se manter vivo, limpo, saudável e alimentado todos os dias. Se parece um espaço demasiado comum ou desprovido de encanto é provavelmente um engano, toda a ideia de sanidade que se opõe à Casa XII, que falaremos depois, poderia ser resumida na seguinte frase: "se você limpa sua sujeira e paga suas contas, todos o considerarão são". Uma pessoa com problemas na "Oficina" pode perder o compasso e o ritmo da vida, ter dificuldade de contribuir com os demais, ter de solicitar demasiadamente outros para funções básicas e, assim, acabar sendo deixada para trás. Tenho dificuldades em afirmar com certeza, mas arriscaria dizer que os "sem-teto", mendigos, podem ser em parte pessoas que não conseguiram acompanhar esse ritmo.

De outra maneira, no passado esta casa também foi delegada ou traduzida como "a casa dos serviçais". Sempre duvido que seu mapa revele algo sobre o outro, mas há lógica aqui: se ela se refere às suas funções e obrigações diárias para se manter vivo e saudável, e é outra pessoa, e não você mesmo, que lava suas roupas, dá banho em você, faz sua comida, varre sua casa, arruma sua cama, então, obviamente, a forma como lida com essas questões diárias será automaticamente projetada nesses indivíduos que trabalham para você. Todo o rigor, medo, asseio e o que mais possa ter ali serão muitas vezes depositados no modo como você lida com essas pessoas. É possível, então, inferir sobre como alguém trata o outro olhando para esse ponto do mapa, e isso explica também a proximidade para com a Casa VII, que é a casa da negociação com o outro.

Há outro ponto importante: se a Casa II simboliza também o corpo físico, seu bem material mais precioso, a Casa VI representaria "o bom funcionamento do corpo", ou seja, toda essa matéria, essa "máquina" biológica, posta em movimento. Por isso, algumas configurações nesta casa expressariam ligações com a saúde, uma busca pelo bom funcionamento do corpo. Boa alimentação, exercícios físicos, horários regulados, sono correto, ingestão de todas as proteínas necessárias, todos esses tipos de preocupação dentro da personalidade de alguém estão delegados a esse espaço do mapa astral. Não é incomum, portanto, que exista certo interesse por medicina ou outras áreas da saúde aqui, dependendo de qual astro rege esse espaço.

Na verdade, como esta casa se dedica ao funcionamento da matéria em geral, não será incomum acharmos pessoas curiosas sobre como o mundo material se comporta, querendo entender e decifrar esse eterno enigma. Alguns cientistas, biólogos, químicos, engenheiros podem ter configuração aqui por esse motivo.

Mas, em geral, como esta casa traduz toda sua preocupação com suas funções diárias para sobreviver, ela é comumente traduzida como uma casa ligada à ideia de rotina, de organização de seu tempo para cumprir todas as tarefas necessárias e importantes à sobrevivência do Castelo. Portanto, ela também vai ter um reflexo em várias de suas rotinas diárias, tais como ir ao trabalho e a distribuição de seu tempo para executar as tarefas de sua profissão que, dentro de uma sociedade moderna e de tendência capitalista, determina fortemente todos os seus outros horários.

O Rei (Sol), governando o Castelo a partir da Oficina, representa um Castelo eficiente, dentro dos eixos, disciplinado e organizado. Tendem a ser pessoas muito focadas em sua função e profissão, dedicando-se profundamente ao aperfeiçoamento e à qualidade de tudo aquilo que fazem e produzem. A boa estruturação do uso de seu tempo será um tipo de prioridade, e haverá uma capacidade consciente de estruturar cronogramas e agendas para que o Castelo funcione da melhor forma possível. É recorrente em figuras de grande capacidade e produtividade. Pode haver interesse pelo funcionamento da matéria, do corpo e da natureza como um todo.	A Rainha (Lua), nesta Casa, tem um forte desejo de encontrar uma rotina ordenada e produtiva em sua vida. Por mais que o consciente pudesse sugerir outra coisa, o lado inconsciente, a Lua, encaminha a pessoa para uma jornada mais regulada e ordenada, da qual dificilmente ela consegue fugir. É naturalmente levada a fortes rotinas de saúde e trabalho. Há uma disposição generosa, e é comum que essa pessoa cuide de todas aquelas que trabalham ou cooperam com ela, sendo amável e simpática com colegas de trabalho. Gosta de produzir, e pode ter forte anseio de cuidar do outro e ter uma rotina ou trabalho nessa direção.

O Secretário do Castelo (Mercúrio), aqui, representa uma forte inquietude dentro da Oficina. Não é uma surpresa que talvez ele prefira trabalhar com atividades de cunho mais mental, e será comum encontrar em figuras em que escrever ou se comunicar faça parte das suas atividades profissionais e cotidiano. Há certa inquietude dentro da rotina, e tanto um medo terrível da repetição quanto de que o tempo não seja bem empregado. Mas toda a rotina pode ser inconstante, assim como é provável que prefira trabalhar em lugares onde possa conhecer e conversar com pessoas novas todos os dias, sendo alguém comunicativo para com aqueles que cooperam ou trabalham para ele.	A Estilista do Castelo (Vênus), na Oficina, significa que esse espaço precisa ser ordenado e organizado. Há uma imensa necessidade de se executar tarefas em um ambiente harmônico e estruturado, belo e agradável. Qualquer profissão ou rotina que lide com a desestrutura e o estresse (e algumas têm de lidar) será fortemente evitada. Pode ser importante não só que o ambiente seja agradável, mas também as pessoas, os objetos e os móveis. Não seria incomum que a pessoa trabalhasse produzindo beleza e harmonia para os outros. É com certeza frequente em artistas, músicos, estilistas e arquitetos.
O Chefe da Guarda, nesta Casa, não gosta de perder tempo nem é de dialogar muito. Quando entra na Oficina, ele quer provar que é capaz de produzir, de preferência, muito e rápido. Não é, em geral, uma pessoa paciente dentro das atividades do cotidiano e do trabalho, mas odeia deixar qualquer coisa para amanhã, prefere fazer tudo agora e tem grande disposição. Atividades muito demoradas, delicadas ou trabalhosas podem deixá-lo nervoso, e este é um espaço onde pode haver disputas; e Marte está realmente disposto a defender esse espaço e seu tempo de pessoas querendo se aproveitar dele e de seu dia a dia. Há uma necessidade de impor ordem ao trabalho, e essa pessoa pode ser mais agressiva e severa com aqueles que cooperam ou trabalham para ela, impondo ritmo e produção à Oficina. É comum em alguns generais.	O Professor (Júpiter), na Oficina, significa um especialista em produção, com grande intuição e capacidade de produzir, organizar e fazer render. Não estamos falando de uma pequena Oficina, é mais provável que se pareça com um tipo de fábrica com imensa capacidade – e, realmente, grandes industriais costumam ter esta configuração. Há um direcionamento natural para se ter sempre dias produtivos e abundantes de resultados. É provável que a pessoa saiba colocar seus limites e tenha amplas ambições, mas tende a ter índole agradável para com os que cooperam com ela ou trabalham para ela, sempre objetivando mais. Pode ser um mestre sobre o funcionamento da matéria, do corpo e do mundo natural, tendo uma disposição intuitiva para solucionar parte dos mistérios da funcionalidade da natureza do universo.

O Juiz (Saturno), na Oficina, é bem severo e preocupado com sua rotina e a dos outros. É alguém que se cobra muito sobre saúde, produção e organização das tarefas diárias, e pode temer que se algo não for executado corretamente ele será punido, ou o próprio universo entrará em colapso. Há, portanto, muito rigor em relação a horários, rotina, alimentação, sono, limpeza, agenda e cronogramas. Essa pessoa tem uma disposição natural para enfrentar fortes rotinas físicas, talvez por isso seja comum em atletas de alto rendimento, por exemplo. A disposição para o trabalho é forte e determinada, e é capaz de resultados muito expressivos no que quer que faça. Tende a ser alguém seco, exigente e frio com aqueles que cooperam ou trabalham para ele.	O Revolucionário (Urano), dentro desse espaço, tende a fazer grandes mudanças na forma de se produzir. É comum que sua Oficina traga ao mundo peças absolutamente inusitadas e revolucionárias. É presumível que tenha uma rotina bem incomum para os outros, abdicando de vários costumes tidos como normais em prol de fazer com que seus dias sejam mais produtivos. Isso vai desde rotinas muito rígidas e privativas até um absoluto abandono e negação de rotinas comuns, com medo de que elas o aprisionem. É provável que tenha uma negação do ritmo normal da sociedade e que haja uma dificuldade de se adaptar às demais rotinas. Há também grande capacidade intelectual e questionadora colocada à matéria, ao mundo natural e ao funcionamento do corpo.
O Sonhador (Netuno), nesta Casa, tende a ter uma índole generosa, é alguém disposto a entregar seu tempo a serviço dos outros e costuma ser prestativo sempre que solicitado, doando seu trabalho e esforço aos demais. Há dificuldade em delimitar com clareza os limites de seu trabalho e de seu tempo, exatamente porque Netuno é um astro sem tendência agressiva, que cede, e tem dificuldade em se defender. Toda a rotina: alimentação, trabalho, sono, afazeres diários, etc., pode ser confusa. No entanto, é imensamente sensível, e não só é prestativo, mas também capaz de produzir e concretizar sonhos, coisas inimagináveis em sua Oficina.	O Dragão (Plutão), na Oficina, significa que os trabalhos podem ser levados ao limite. É comum em trabalhadores atentos e intensos, que quase nunca folgam ou descansam quando tem algo a concretizar. Sua rotina em momentos de produção pode ser muito rígida e intensa, e cobram bastante de si mesmos. É comum que prefiram trabalhar sozinhos ou escondidos dos outros, pois o ambiente de trabalhado é naturalmente um espaço onde desconfiam do outro e, assim, podem ser pouco sociáveis para quem trabalha ou coopera com eles. Preferem e, muitas vezes, exigem discrição. Têm disposição para fazer coisas que poucos outros teriam estômago ou disposição.

VII – A CASA VII – SALA DE CONFERÊNCIAS – SALA DE REUNIÕES

Na astrologia, este espaço é comumente descrito como um espaço do outro, dedicado ao relacionamento, aos amores. No entanto, não acredito nisso exatamente, como tentarei explicar aqui. É mais provável que esse extremo, oposto à Casa I (a qual se refere a como a pessoa "vê a si mesma"), corresponda a como se vê o outro, e seja, portanto, mais fácil de ser projetada no outro, dando a impressão que ela, a Casa VII, corresponde a características das pessoas com as quais nos relacionamos. No entanto, defendo arduamente que tudo dentro de uma carta natal diz respeito a um aspecto da sua própria personalidade ou psique, e nunca de outra pessoa.

Este é o espaço dentro da personalidade de uma pessoa destinado à negociação ou cooperação com o outro, por isso optei por chamá-lo de Sala de Conferências. Um signo ou um planeta aqui determina a forma como a negociação é feita, como se aborda o outro, ou seja, um astro mais sensível o faz de modo agradável, ou pode até ser suscetível a tentar agradar o outro na negociação. Um astro mais agressivo representa uma negociação mais incisiva, em que se defende "lutar" ou exigir aquilo que se quer. Tende, portanto, a pressionar o outro com mais afinco para que ceda às suas vontades e intenções. É bem comum que personalidades ligadas à política tenham fortes configurações aqui. Vamos lembrar que qualquer astro, nesta casa, representa certo "talento" para se associar, negociar ou convencer o outro. É exatamente a negociação com o outro (óbvio, não há negociação sozinho) que está em jogo, quando falamos desse setor no Castelo.

É comum, claro, que esta casa seja associada aos relacionamentos e aos casamentos, e há um forte motivo para isso. Em um casamento você precisa negociar tudo, o que jantar, ao qual filme assistir, para onde viajar, onde os filhos vão estudar, e assim por diante. Portanto, em um casamento esta casa está completamente ativa, e é fácil pensar que ela representaria o relacionamento como um todo, já que está tão solicitada neste momento. A verdade é que ela simboliza a negociação simplesmente, sua capacidade, potência, habilidade ou vulnerabilidade dentro das negociações. É provável que represente muito mais como você lida com o outro, como o entende e aborda, do que de fato represente algo do outro. Assim, é fácil para alguém com Marte na Casa VII achar que se interessa ou se envolve com pessoas mais briguentas, sem perceber que ele mesmo é muito incisivo e acaba forçando esse comportamento no outro como resposta.

O Rei (Sol), na Sala de Conferências, representa alguém de amplas habilidades de negociação, capaz de se impor ao outro, defender e buscar aquilo que quer. Alguém que tem consciência da sua capacidade de articular e negociar com o outro, tendo muita clareza de como abordá-lo e criar uma parceria ou o movimentar para suas causas ou pontos de vista. É, evidentemente, alguém com amplas capacidades de se relacionar, que quer e prefere fazer parcerias para agir e tomar suas decisões, e que, com o Rei ali, tende a tomar a frente ou a liderança das suas relações. Dificilmente, estaremos falando de um tipo de eremita ou solitário recluso.	A Rainha (Lua), nesta casa, é alguém com uma tendência mais receptiva ao outro, um forte desejo de se vincular para fazer parcerias e de construir relações. Há grande intuição e delicadeza para lidar com o outro, se preocupando verdadeiramente com as necessidades e as opiniões dele, e sendo, também, sensível a elas. Assim, é possível que haja habilidade para envolver e manipular a opinião dos outros também; capacidade de saber fazer com que outros se envolvam em suas demandas. Tanto pode gostar de cuidar do outro, e precisar muito se relacionar, como pode buscar alguém que também esteja disposto a cuidar dele.
O agitado Secretário do Castelo (Mercúrio), aqui, representa alguém inquieto em suas relações, ávido por fazer o máximo de contatos e trocas que puder, visando sempre ampliar e diversificar suas experiências. Há uma grande capacidade de gerenciar essas relações, e há uma tendência em ser alguém amplamente comunicativo que prioriza, tanto nas relações quanto nos processos diplomáticos, o diálogo e a comunicação, de maneira que terá dificuldade em estabelecer parcerias em que a comunicação seja escassa. Há bastante capacidade intelectual, e imensa disposição para estruturar e fazer sempre novas e proveitosas trocas e relações.	A delicada Estilista (Vênus), aqui, representa alguém de tendências carismáticas. A pessoa tende a se portar bem, e ser bem elegante e educada na forma de negociar e se aproximar do outro, tendendo a gerar encanto e admiração. Há capacidade de saber envolver o outro em suas demandas e firmar boas parcerias, sem precisar impor ou brigar por nada. Há, na verdade, uma grande sabedoria neste astro, e é mais provável que essa pessoa saiba escolher cuidadosamente suas parcerias e não goste de conflitos diretos e, assim, tenda a se afastar de situações ou negociações que não são propícias e agradáveis sem perder a educação.

O Chefe da Guarda (Marte), na casa da diplomacia, significa alguém que está disposto a lutar e defender seu ponto de vista, não é muito paciente para discutir e prefere definir com maior clareza aquilo que se quer do outro. Há, portanto, uma disposição a pressionar o outro, conquistar dele aquilo que se quer, assim como existe uma disposição imediata a se opor ao outro e manifestar sua discordância sem ceder território. Não é incomum que essa pessoa esteja disposta a forçar o outro a aceitar sua vontade ou ponto de vista.

O Professor (Júpiter), neste espaço, implica um tipo de especialista ou mestre em diplomacia e relações; alguém com amplas capacidades naturais de entender a fundo toda a dinâmica das negociações e das articulações públicas, com capacidade de expor com clareza seu ponto de vista e buscar o que quer, sem necessariamente ser impositivo. Ou seja, o Professor está aqui para balizar as negociações; sua habilidade neste ponto tende a ser tal, que é abundante em grandes políticos e até em estudiosos e professores de política e diplomacia.

O severo Juiz (Saturno), nesta Casa, significa que as relações, as parcerias e mesmo os eventos diplomáticos são levados realmente a sério, ele não está de brincadeira. Ou seja, ou se leva a sério as sociedades, os casamentos, ou eles não devem nem acontecer. Isso significa, também, que: essa pessoa é muito rigorosa e bem seletiva em relação àquelas com as quais poderá fazer uma parceria; ela julga bastante o outro e não só leva a sério as relações, mas também tem uma postura bem severa e até fria no que diz respeito ao outro. Está disposta (ou predisposta) a passar por privações dentro deste espaço, o que, obviamente, resulta em pessoas que se relacionam pouco durante a vida, que têm uma tendência mais fechada e, às vezes, um pouco mais solitária, que nem sempre são carismáticas aos olhos dos outros.

O Revolucionário (Urano), aqui, representa um grande potencial para criar relações, certa ousadia para buscar novas e inovadoras parcerias, ou mesmo modificar o formato pelo qual elas acontecem. O que vemos em Urano, muitas vezes, é um medo de ser, ou se limitar e se aprisionar dentro do espaço onde está. Aqui pode significar que há um real medo de que as relações, as parcerias e/ou os casamentos sejam para ele uma forma de limitá-lo, portanto, essa pessoa pode fugir ou romper com alguma facilidade qualquer relação. No entanto, o medo de ser aprisionado faz com que faça um movimento intelectual muito forte de entendimento do tema (diplomacia aqui), e se torne um tipo de *expert* ou teórico sobre as relações e as interações humanas. Capaz de propor formas de modernizá-las.

O Sonhador (Netuno) é conhecido por ser o menos agressivo de todos os astros, portanto, sempre traz consigo certa vulnerabilidade. Nesta Casa, a vulnerabilidade é em relação ao outro. Há dificuldade em impor seu ponto de vista nas negociações e nos acordos, e uma indisposição para se defender e, como consequência, teremos alguém que tende a ceder a influência aos avanços e às necessidades do outro. Essa pessoa é, também, sensível e intuitiva às demandas dos demais e gosta de cooperar, mas é claramente vulnerável a pessoas mais impositivas e tende a ceder sem as conseguir enfrentar diretamente. Por isso, há também uma tendência a se desculpar e justificar o comportamento do outro, sendo condescendente em alguns casos. De qualquer forma, tende a ser dócil e cordial.

O Dragão (Plutão), na casa da diplomacia, pode significar alguém com forte disposição para enfrentar negociações difíceis e tem capacidade de se levantar, se opor e enfrentar posições mais autoritárias. No entanto, ele mesmo, se não for atento, pode abordar e se dirigir ao outro de forma mais agressiva e reativa, sempre pronto para um enfrentamento que pode vir de qualquer lado. Tende a ser intenso e disposto a se aprofundar nos assuntos desta Casa, capaz de articular temas há muito tempo enterrados ou ignorados. Tem imensa capacidade de concentração e interesse no outro, e pode ser capaz de fazer relações duradouras e intensas, se conseguir confiar no outro. É preciso tomar cuidado para não querer controlar as relações, pode ser um tanto paranoico nesse sentido.

VIII – A CASA VIII – MASMORRAS DO CASTELO

Esta casa representa os subterrâneos de nossa personalidade, aquela parcela de cada um que não se deseja revelar ou expor a ninguém. Se a Casa V, o "Salão de Festas", é tudo aquilo que queremos e desejamos mostrar, tudo que queremos que seja visto pela sociedade, a Casa VIII corresponde a tudo o que não desejamos que seja visto ou notado, social ou externamente. São aquelas gavetas ou armários que pedimos para as pessoas não mexerem, não abrirem, porque correspondem a algo absolutamente pessoal e íntimo. Ela poderia ser bem descrita como a casa do *segredo* ou da *intimidade*, de algo que é verdadeiramente particular e não diz respeito a mais ninguém.

Uma ótima metáfora para esta casa, na minha opinião, é o **diário**, porque ele corresponde a algo imaterial (como conteúdo) e absolutamente íntimo que você não deseja que ninguém veja e leia, tanto que muitos dos diários têm cadeados e ficam trancados. Mas ele (o diário) não é só uma boa metáfora pelo fato de ser um segredo, mas também pela própria dimensão desse segredo e função desta casa. O diário corresponde a um diálogo interno de você consigo mesmo, um espaço e momento de autorreflexão e avaliação. Escreve-se para processar as experiências externas, para dialogar consigo e poder voltar a esse diálogo, se necessário, pois não se escreve para o outro; quem lê o diário é, em geral, você mesmo, como uma forma de se entender e se compreender diante de experiências e vivências externas. É, portanto, também um espaço de autorreflexão e avaliação que exige distância do mundo exterior para que sejam feitas com cuidado. É importante ressaltar que é difícil, ou impossível, fazer esse tipo de avaliação no meio de uma festa ou evento, é preciso se isolar um pouco do mundo, ir ao submundo, às Masmorras do Castelo para refletir com cuidado e critério. Assim, esta casa pressupõe certo corte ou isolamento do "barulho" externo, das opiniões e das vozes" exteriores para executar sua função. É um espaço de autorreflexão e de meditação e, por esse motivo, não será incomum encontrar grandes escritores e alguns mestres espirituais com planetas nesta casa.

A questão é que, como corresponde a essa parcela do *self* que não é revelada ao mundo exterior, também é possível que *as Masmorras do Castelo* recebam tudo aquilo de ruim, inapropriado ou incômodo que o Castelo tenha, por algum motivo, gerado. Nesse sentido, a palavra "masmorra" corresponde a uma metáfora correta, pois lá estão coisas que precisaram ser contidas, escondidas ou reprimidas da possível visão daqueles que adentraram o Castelo. É provável que durante a vida se gerem alguns desses substratos que parecem inapropriados aos olhos do próprio Castelo e não devem permanecer ali, à vista dos outros, nem da própria consciência; ou seja, não devem estar expostos à luz dos espaços comuns do Castelo por conta do risco que podem ocasionar. O problema se dá à medida que muitas pessoas preferem manter as portas da masmorra bem trancadas e vão depositando o "lixo" (substrato) de suas experiências ali sem as avaliar. Portanto, podem ter pânico de que alguém veja o que está ali, ou até de elas mesmas encararem esse espaço, isto é, acenderem a luz e avaliarem o significado do que está ali. Por esse motivo, esta casa também será incrivelmente curiosa aos psicólogos e aos psiquiatras, e serão estes os profissionais modernos que vão auxiliar as pessoas a abrirem essa porta e encararem seus medos, traumas e vergonhas internas que durante anos se recusaram a ver e, por isso, foram se acumulando e somando ali.

Em outro universo, acredito que essa casa tenha semelhanças propícias com o confessionário da Igreja Católica, um espaço que permite a anonimidade e, portanto, um auxílio sábio àquilo que você fez, mas tem certa vergonha ou medo de que outras pessoas saibam e, mesmo assim, precisa avaliar e cuidar corretamente para que não cresça e o corrompa por completo.

Talvez, por esse motivo, esta casa também seja em alguns momentos associada à criminalidade e à sexualidade, não porque ela corresponda diretamente a essas duas questões, mas porque muitas delas têm de ser escondidas e, com certeza, este é um bom espaço para isso. A pessoa com planetas na Masmorra tem habilidade para lidar com segredos e com esses assuntos, se necessário. Em muitos livros, esta casa será descrita como uma casa ligada à sexualidade, exatamente porque muito do que não queremos revelar aos outros, à família, à sociedade, aos colegas de trabalho ou a grupos corresponde diretamente à nossa intimidade, portanto, em grande medida, à nossa sexualidade. De fato, ela não diz respeito a ninguém, e preservar essa intimidade corresponde à função desta casa, assim como avaliá-la cuidadosamente.

Esta é a casa do segredo e da intimidade, e a sexualidade pressupõe uma troca de intimidades e segredos guardados e escondidos dos demais. É necessário haver certa delicadeza e habilidade para lidar com esses segredos, para escolher com critério quem merece adentrar esse espaço, tão secreto e preservado com tanto cuidado. Exatamente da mesma forma que o diário é pessoal e, algumas vezes, escolhemos pessoas que adquirem nossa confiança e passam a merecer ler algumas páginas dele. Sob outro ponto de vista, posso dizer que a paquera acontece no Salão de Festas (Casa V); é lá que se flerta, ou provoca, ou se conhece pessoas novas, mas a intimidade, a sexualidade, acontece, em geral, longe dos olhos de todos, e é preciso certo convite para adentrar as Masmorras e a intimidade, onde muitos segredos guardados podem ser revelados. Obviamente, por isso muitos psicólogos viram na sexualidade um forte reflexo de princípios reprimidos do *self* de uma pessoa, que se manifestam quando essa porta se abre.

Sei que vou me estender um pouco mais aqui, mas esta casa é, possivelmente, uma das mais difíceis de decifrar, e a qual os livros de astrologia tendem a ter mais dificuldade de explicar. Então, pretendo aqui sintetizá-la em um princípio único que se ramifica nessas diferentes questões descritas e pouco amarradas em outros livros. Portanto, vou sugerir avaliá-la sobre outra tendência: sua oposição à Despensa (Casa II). Se esta representa seus bens materiais, aquilo que você possui e não diz respeito a mais ninguém, todos aqueles recursos de que o Castelo dispõe e preserva para sua sobrevivência, então, entenderemos que a Casa VIII tem ainda uma ligação forte com essa questão. Digamos que "dinheiro no banco" representa parte dos seus recursos guardados (Casa II), que devem ser escondidos e protegidos, portanto "a senha" do banco, bem como "a chave do cofre", representa invariavelmente um segredo pessoal, ou seja, uma área da Casa VIII. Ou, digamos que um dos seus recursos mais básicos e fundamentais é sua casa, mas a chave da casa– chave que abre o segredo e dá acesso a um bem material seu – corresponde a um assunto da Casa VIII. Entenda que entregar a chave da casa para alguém não é o mesmo que dar seu apartamento a alguém, assim como dividir sua senha do banco com uma pessoa não é o mesmo que dar todo o seu dinheiro do banco a ela; trata-se de um ato de confiança e cumplicidade, o qual corresponde especificamente aos assuntos desta casa. Por isso, heranças, divórcios, assuntos ligados a bancos, e assim por diante, acabam sendo descritos nos livros como assuntos da Casa VIII, sem que esses livros possam decifrar com cuidado o porquê disso.

Uma aluna me sugeriu, certa vez, uma ótima relação desses dois polos: se a Casa II corresponde ao corpo como seu bem material mais precioso e fundamental, então a Casa VIII corresponderia à sua Alma, e a assuntos da alma – paixões, toda a introspecção, lamento e amores seriam guardados pela Casa VIII. Assim também como a sexualidade pressupõe os prazeres (Casa II), que só são possíveis com o corpo, e a intimidade, os segredos e os desejos da alma são balizados pela Casa

VIII, o que faz bastante sentido. Ressaltando que tanto os assuntos da II como da VIII dizem respeito unicamente a você, e ninguém pode ou tem como interferir nesses dois lugares, pois isso representaria um abuso em muitos sentidos distintos.

| O Rei (Sol), governando o Castelo a partir das Masmorras, representa alguém com tendências bem reservadas, que não expõe muito suas ideias e decisões, e pode ter um lado que poucas pessoas conhecem verdadeiramente. Há forte interesse em sondar mistérios, e a pessoa tem um comportamento reflexivo, buscando o autoconhecimento e com forte capacidade de autocrítica. Pode haver tendência ao isolamento ou a períodos de isolamento, a vida social pode parecer desgastante para essa pessoa. Ela tende a ter grande controle emocional e capacidade de concentração ou meditação. Há curiosidade sobre os segredos, tanto seus quanto dos outros, e uma disposição para buscar e querer entender tudo aquilo que está escondido ou excluído da sociedade, tudo que ela acabou escondendo. | A Rainha (Lua) do Castelo, nesta Casa, representa uma profunda e delicada capacidade de adentrar e compreender as profundezas das Masmorras, ou seja, da nossa intimidade e de tudo aquilo que queremos, ou preferimos esconder. Trata-se de alguém que sabe ser delicado e acolher as dificuldades e os segredos do outro, e tentar tratar e cuidar dessas questões. Portanto, é comum em alguns gurus, figuras espirituais que sondam os segredos da alma humana e, também, em psicólogos que precisam acessar esta casa sempre com cautela. Há uma disposição à abertura para o outro, compreender e compartilhar segredos e intimidades, de forma natural e fluida. Pode haver, por conta do imenso fluxo de sentimentos ali, uma tendência instintiva para a poesia. |

O Secretário do Castelo (Mercúrio), dentro das Masmorras, pode representar alguém muito reservado para se manifestar, que não expõe seus pensamentos com facilidade nem a todo momento. Pode preferir guardar para si mesmo um grande conjunto das suas reflexões pessoais. Não seria incomum estarmos falando de alguém disposto a anotar e registrar, com rigor, vários de seus pensamentos, experiências e reflexões. Há uma capacidade também de sondar, interpretar e revelar assuntos de dentro das masmorras que outros não conseguiram entender, ou preferiram não ver ou imaginar.	A Estilista do Castelo (Vênus), neste espaço, significa que teremos Masmorras muito bem decoradas e em grande harmonia, mas o que isso quer dizer? Que há uma capacidade de gerenciar e tentar trazer equilíbrios a toda sua intimidade e segredos. Com certeza, não é uma Masmorra abandonada à própria sorte, mas, sim, elaborada, com o intuito de ter ali momentos bem agradáveis. É provável que falemos de um "diário" elaborado e muito bem escrito, assim como com certo apreço pelos assuntos da alma e da sexualidade. Também representa alguém com habilidade em compartilhar seus segredos, que sabe escolher quem terá acesso às chaves que abrem realmente sua vida.
O Chefe da Guarda (Marte), dentro desta Casa, representa uma imensa força de vontade de adentrar as Masmorras do Castelo, e confrontar todo tipo de sombras e criaturas que podem ter sido levadas para lá. Há grande capacidade de se concentrar e enfrentar desafios pessoais, e é frequente em grandes músicos, em figuras que por meio da ação (Marte) podem trazer à tona os mistérios da alma (Casa VIII que se opõe à Casa II, que é a do corpo). Essa pessoa está disposta a defender sua intimidade com unhas e dentes, e toda a dinâmica da sexualidade pode ser vista como um tipo de batalha que deve ser travada. De qualquer forma, o Chefe da Guarda habita as Masmorras e não se apresenta abertamente, só será conhecido à medida que outra pessoa se arriscar a adentrar sua intimidade.	O Mestre (Júpiter), dentro das Masmorras, representa um tipo de especialista do submundo, alguém que entende tanto intuitivamente o movimento das forças que operam no escuro da personalidade como no obscuro da sociedade. Alguém que visa compreender como o ser humano, em sua íntegra, explora os segredos ocultos da alma e da personalidade. Um especialista na psique humana, na alma, ou, não seria incomum, um especialista em sexualidade e intimidade. Dessa forma, podemos falar tanto de mestres espirituais quanto de grandes psicólogos, bem como de referências sobre os temas ligados à sexualidade e aos segredos. Também, opondo-se à casa do corpo, é comum em atletas com imensa capacidade de concentração e superação.

O Juiz (Saturno), nesta Casa, significa que há um forte controle e julgamento impostos à intimidade. As portas deste espaço serão fortemente controladas e um julgamento moral pode ser colocado aqui. É comum em padres e papas, que não só encaram a alma como um espaço de imensa seriedade, mas sobretudo têm uma disposição ao celibato. Também representa alguém com grande potencial de explorar a sério as Masmorras da alma humana, tentando achar respostas verdadeiras dentro desse espaço, e com grande capacidade de autocontrole e concentração. Há responsabilidade ligada à ideia de compartilhar suas intimidades, e as chaves de seus segredos não serão dadas a qualquer um.	O Revolucionário (Urano) pode temer ser aprisionado pelos segredos da sua intimidade e de sua alma, e visa se libertar do máximo de amarras que puder. Isso pode significar nunca compartilhar sua intimidade e sexualidade visando à libertação da alma, como também questionar e transpor todo tipo de tabus ligados à intimidade e à sexualidade, com o intuito de se libertar de qualquer amarra dentro dessa área que outros possam lhe impor. Há uma expectativa de se compor um "diário" bem chocante e incomum que fuja sempre da monotonia. Toda a ideia de compartilhar aquilo que tem verdadeiramente com outro pode lhe parecer assustadora e aprisionante, e pode fazer o possível para fugir disso.
O pacífico Sonhador (Netuno), neste espaço, representa alguém que não consegue colocar e impor limites claros à sua intimidade e aos seus segredos, que é frágil e vulnerável ao outro dentro desse lugar. Significa que não avalia bem para quem entrega as chaves de seus segredos; abre aquilo que lhe é mais caro e íntimo, e, assim, tende a se entregar e doar ao outro com certa facilidade e naturalidade. Do outro lado, esse é um espaço bem natural para ele, e está sempre aberto a viver livremente suas experiências, sem ambições, e compartilhar com o outro sem exigir ou pedir nada em troca, tendo uma tendência muitas vezes dócil em seu íntimo. Pode haver uma disposição natural à autorreflexão e à espiritualidade pessoal, bem como uma grande dificuldade para se desligar dos outros.	O Dragão (Plutão) talvez ache um lugar propício para ele mesmo dentro dos subterrâneos das Masmorras do Castelo. Ele é comum em alguns gênios e pessoas de grande capacidade de ação e reflexão. Talvez essa força potencial plutoniana não seja gasta nos lugares errados, evitando um comportamento destrutivo em outras áreas da vida, e se dedique a se aprofundar nas Masmorras, evitando que os substratos da personalidade se formem ali de forma perniciosa, e permita uma gigantesca capacidade de se isolar e concentrar profundamente em seus objetivos. Pode haver um forte controle e clareza emocional, assim como o Dragão pode preparar o Castelo internamente para um conjunto infinito de possíveis dificuldades, deixando todos prontos para agir na hora certa.

IX – A CASA IX – BIBLIOTECA E O LADO EXTERNO DAS MURALHAS

Se a Casa VIII representa um espaço de introspecção, no qual nos voltamos para dentro, para nós mesmos, a Casa IX representa um espaço da nossa personalidade que se volta de forma curiosa para fora, buscando algo que não se conhece imediatamente, algo que não está dentro dos limites do Castelo, alguma coisa que se visa alcançar. É um espaço de exploração, onde desejamos avidamente descobrir algo que ainda não vimos ou conhecemos. É um espaço de conquista de novos territórios. A pessoa com planetas determinantes nesta casa não se contenta com aquilo que está imediatamente ao alcance de suas mãos e olhos. A pergunta para se descobrir o sentido desta casa deve ser feita assim: "Como posso conquistar territórios inexplorados?" A resposta é que depende do "território" ao qual me refiro. Se viso conquistar mais do que aquele horizonte que vejo à minha frente, então anseio romper a linha do horizonte, portanto, devo me mover, devo me deslocar a ponto de ultrapassar a linha do horizonte e descobrir o que há além dela. A metáfora do "horizonte" é ótima aqui, porque é um espaço da minha personalidade em que eu anseio buscar "novos horizontes", novas perspectivas. Desse modo, algo que sempre foi muito descrito como fundamental desta casa também se enquadra aqui: **viajar**. Talvez, a forma mais básica de desbravar novos territórios e ampliar meu conhecimento de mundo seja viajar. O simples fato de nascer em uma cidade e não se limitar a ela, viajar a outra, e depois mais outra, representa uma maneira de ampliar meu conhecimento e visão de mundo.

Mas viajar não é a única forma de descobrir um novo território fora das muralhas do Castelo; eu posso ler ou aprender sobre ele. Posso buscar em livros sobre lugares que nunca vi e aprender sobre esses novos horizontes, culturas e comportamentos, mesmo sem sair de dentro das muralhas. É por isso que denominamos esta casa simbolicamente como "A Biblioteca", porque é lá que eu busco o conhecimento que está além das muralhas imediatas da minha própria personalidade (Castelo). Um bom livro pode ter descrições muito vivas e ricas sobre uma quantidade de lugares que eu talvez não conseguisse explorar sozinho, ou que fossem demasiadamente distantes. Entra aqui agora a concepção de que há um componente teórico e intelectual aplicado a esse espaço da personalidade.

Isso nos leva a um próximo tema: nem todo "território" a ser explorado é físico. Há também aqueles territórios de tendência abstrata, há aquilo que não conheço, mas desejo conhecer que não necessariamente é um lugar, e a "biblioteca" é um espaço da personalidade que é propício a essa exploração. Muitos novos saberes sobre o mundo podem ser encontrados aqui, se houver a dedicação e o empenho necessários, e é também um espaço propício à discussão sobre qual é a realidade do mundo. Vamos perceber que as pessoas diferem sobre o que acreditam estar além de suas muralhas, sobre o tipo de universo que ultrapassa seus muros e percepções, e é comum que exista divergência sobre o que uma pessoa e outra entendem como existindo fora dos limites imediatos de sua percepção. Dependendo do astro que reinar sobre esse espaço, pode haver discussões acaloradas a respeito do que existe além das muralhas.

Há também uma tendência a se conquistar novos territórios de fato, ganhar ou tomar territórios além das muralhas, expandir o Castelo e sua personalidade para além das fronteiras originais, e pode ser comum em exploradores ou grandes conquistadores, se a metáfora for encarada de forma mais literal.

O Rei (Sol), neste espaço, prenuncia alguém de espírito aventureiro, que quer por conta própria conquistar e explorar novos territórios e ultrapassar os limites que lhe são apresentados. Há uma tendência competitiva de sempre querer mais, comum em grandes esportistas capazes de baterem muitos recordes ou terem vitórias que pareciam inalcançáveis, como também aparece em intrépidos aventureiros, que embarcam em desafios ousados ao longo de sua vida. Há uma tendência a querer sempre conquistar algo, e, portanto, há também um espírito empreendedor e pesquisador que se manifesta em diferentes áreas.	A sensível Rainha (Lua), nesta Casa, tem a mesma disposição e curiosidade para desbravar as muralhas fora do Castelo, no entanto, não apresenta a disposição competitiva ou a necessidade de se provar. Há uma imensa abertura e sensibilidade para se entender e traduzir de forma (muitas vezes poética) a realidade fora da sua própria personalidade. Há, também, um grande desejo de compreender, ler e escutar todas as fantásticas narrativas dos espaços longínquos, e é provável que gaste muitas horas dentro da biblioteca devorando histórias. Essa configuração é muito comum em artistas e escritores.
O Secretário do Castelo (Mercúrio), dentro da Biblioteca, significa que há muita curiosidade depositada sobre todos os livros ali. Ele não só quer entender e registrar tudo que está além dos limites do Castelo, da personalidade, mas também pode querer visitar o máximo de lugares distintos que puder, e pretende poder expressar e falar sobre isso. Há uma forte inquietude nessa pessoa, ela anseia fortemente ir além das fronteiras, ou saber sobre o além delas, e ama conversar e até escrever sobre isso sempre que pode. Tem muito medo da monotonia e de se limitar a um único lugar ou direção. Há uma tendência intelectual, e a possibilidade de se querer ter acesso ao máximo de teorias, livros e ideias sobre a realidade do mundo.	A Estilista do Castelo (Vênus), na Biblioteca, pode ter uma visão mais romântica sobre a realidade além dos respectivos muros. Há a possibilidade de crer que o mundo é essencialmente bom e belo, e da mesma forma pode preferir não ter contato com nenhuma realidade ou hipóteses distópicas, preferindo sempre viajar e conhecer lugares mais encantadores e harmônicos. No entanto, há um grande talento para escrever bem e se dedicar a pesquisas e estudos sem haver, no entanto, uma tendência competitiva ligada ao lado intelectual. Dificilmente é alguém que deseja impor ideias e ideais, mas é hábil em argumentar e sabe entreter todos, de forma encantadora e simpática.

O Chefe da Guarda (Marte), na Biblioteca, pode representar um espírito competitivo ali dentro, uma competição sobre quem é capaz de ir mais longe, rompendo mais dos limites da percepção, e desvendar mais do mundo externo. Há forte disposição para defender seu ponto de vista sobre o que acredita ser a realidade externa, ou seja, a realidade do mundo, e é provável que essa pessoa não fuja de discussões ideológicas ou teóricas sobre o que acredita ser a realidade. Mas há também certa impaciência, e isso pode dificultar um avanço comum desta casa, que é o intelectual, e será mais habitual em atletas que gostam de superar desafios.	O Professor (Júpiter), nesta Casa, representa um fortíssimo e corajoso impulso de expandir os limites do Castelo, de ampliar e ultrapassar o horizonte das suas percepções e adentrar espaços não conhecidos ainda. Dessa forma, há, de um lado, uma tendência para grandes pensadores; do outro, há a facilidade em se lançar ao mundo e conquistar território ali, e podemos falar de exploradores ou viajantes, que não querem se limitar a ficar em sua própria casa. Mas representa também uma facilidade em romper barreiras e limites com certa naturalidade, e aparece de modo recorrente em figuras que se impuseram politicamente sobre nações.
O Juiz (Saturno), na Biblioteca, colocando-se diante dos limites dos muros do Castelo, levará seu trabalho muito a sério. Visa, com muito critério, voltar-se para o mundo, tendo uma forte ênfase na responsabilidade que se tem em face da "realidade" extramuros. Um ótimo exemplo pode ser aplicado a Kant, que escreve sobre os limites da percepção da realidade em sua trilogia das Críticas – *Crítica da Razão Pura*; *Crítica da Razão Prática*; e *Crítica do Juízo de Gosto*. Tem-se aí uma demonstração clara de como Saturno, o Juiz, julga a "Realidade". Podemos estar falando de alguém muito dedicado e responsável frente àquilo que existe fora dos limites do Castelo, como também de alguém rigoroso e severo em relação ao que acredita ser a realidade, e sua responsabilidade e a de outros frente a ela.	O Revolucionário (Urano), nesta Casa, representa uma visão questionadora e inovadora sobre aquilo que está além das muralhas. Há uma perspectiva radical de se questionar a realidade tal como ela é, como se ela mesma fosse uma fraude do que deveria ser. Há uma forte tendência intelectual e uma grande disposição a contrariar o *status* do mundo, desprezando o que está estabelecido e tendo a capacidade de quebrar e romper regras vigentes. É colocado um ímpeto mais radical e ousado aos limites do mundo conhecido, portanto, existe uma grande vontade de ousar, de ir bem além das muralhas, seja de forma física, seja intelectual, como Júlio Verne, ou em uma luta por igualdade e liberdade, como em Gandhi.

O gentil Sonhador (Netuno), regendo o lado externo das muralhas, significa uma visão mais doce e pacífica do mundo, capaz de ver coisas que outros não poderiam. Tende a ter uma visão mais poética sobre o que está além das muralhas da nossa percepção. É comum ter uma noção mais mística da realidade, tentando encontrar sentido e significado, e, assim, tem uma disposição a ser solidário e gentil com o mundo. É comum em alguns artistas, músicos e poetas, que veem o mundo com uma ótica distinta, mais "colorida" e significativa, e podem ter dificuldade de se explicar, sendo até mal compreendidos. Há, também, a possibilidade de se desenvolver uma visão fantasiosa e distorcida da realidade e se basear nela com ingenuidade.	O Dragão (Plutão), fora dos limites do Castelo, na Casa IX, tende a representar uma visão mais sombria e obscura da realidade que compõe o mundo. Ele pode ser visto como um espaço perigoso, onde o homem deva transitar com cuidado e onde, necessariamente, a maldade pode se instaurar. A frase de Schopenhauer, "A natureza vista de longe é linda, mas de perto, cada fera é um cemitério de outras feras", talvez represente o quanto é profunda a capacidade de entender e perceber o mundo, bem como quão pessimista pode ser essa visão. De fato, o Dragão nunca é pego desprevenido, nunca é ingênuo e sempre está pronto para o pior, mas também é capaz de transformar isso em poesia e significado.

X – A CASA X – SALA DO TRONO

A Casa X é, de todas, a mais alta do mapa astral. Sempre lembro meus alunos que o astro presente nesta casa estava exatamente acima da sua cabeça no momento em que você nasceu; estava ali no alto do céu (literalmente). Mesmo assim, alguém pode se perguntar: qual seria necessariamente a relevância disso? Eu afirmo que, se o Sol estiver na Casa X, significa que você nasceu próximo do meio-dia, e qualquer pessoa que já foi à praia nos trópicos sabe que não é só muita luz, é de fato perigoso transitar ali com o Sol nesse horário. O calor é muito intenso, e poucos minutos exposto à sua radiação podem significar queimaduras sérias e dolorosas. A intensidade da radiação do Sol, o impacto dela, na Terra nesse momento é exponencialmente maior do que em outros. Logo, não seria incoerente supor que um astro aqui neste espaço, que vamos denominar "Sala do Trono", possa ter uma influência mais forte ou determinante dentro da sua vida, ou talvez uma influência mais direta, no mínimo. Acredito que é algo para se avaliar com cuidado.

Em geral, refere-se a esta casa como uma casa de trabalho, ligada ao profissional. Eu concordo, mas talvez faça uma ressalva maior sobre a própria interpretação do que é uma profissão. Acho que há algo confuso aqui, portanto, vou definir esta casa de forma simples e sutilmente diferente do que se costuma colocar. Vamos dizer aqui que a Casa X representa, dentro da sua personalidade, qual você acredita (espera) ser seu papel e função dentro da sociedade, daquele grupo no qual você transita e com o qual convive, de que você mesmo depende, e o qual tende a depender de você, porque, sim, sociedades humanas são constituídas dessa maneira.

Como nossa sociedade e as funções dentro dela se tornaram abundantemente subdivididas e complexas, proponho, a princípio, esquecer uma estrutura de sociedade moderna e pensar com alguma imaginação em uma sociedade mais simples, mais original, tal como uma tribo. Portanto, qual a função de uma pessoa com Marte na Casa X? O que ela pretende ser dentro dessa sociedade? Isso é fácil, com certeza um tipo de caçador ou guerreiro, que está ali para lutar pelo seu grupo, agir fisicamente em prol dele. É fácil entender que essa pessoa pode ter uma tendência a seguir a carreira militar, entrar para polícia ou corpo de bombeiros, e que terá muito orgulho disso e de si mesma, se puder executar corretamente essa função na sua sociedade. E o Sol? Que papel tem dentro da sociedade? Com certeza, um papel de destaque, um Rei aqui pretende ser um tipo de chefe ou de líder, e agir pessoalmente em prol da sociedade, tendo destaque, com certeza. E a Lua? Nesse caso, a pessoa se vê como alguém com a obrigação de cuidar e ser delicado com a sua sociedade, com o seu grupo; alguém que está ali com um papel um tanto maternal, que pode gostar de orientar ou lidar com crianças, ajudar a abrigar ou nutrir sua sociedade. Deu para entender um pouco? Acredito que não é difícil supor o que acontece com os outros planetas ali. No entanto, e se a pessoa não tiver nenhum astro ali? Em geral, significa que ela pode não se preocupar ou incomodar tanto com qual papel ou função exerce na sociedade; se seu "trabalho" tem ou não uma importância ou impacto ali. Não que ela não ligue para o "trabalho" necessariamente, mas pode ter outras prioridades na vida dela.

Outra brincadeira possível para se interpretar o impacto de um planeta aqui é imaginar um médico. Digamos que essa pessoa se tornará um médico – e uso o médico de exemplo porque é uma profissão comum e com uma variedade grande de especializações; também, para provar que um astro nesta casa não determina necessariamente a sua profissão, mas o seu comportamento dentro dela, sua expectativa no que diz respeito à sua função. Então, digamos que seja Marte aqui, provavelmente teríamos um médico de emergência que gosta de ação, de sangue e de riscos. E se for Vênus? Há grande chance de ser um cirurgião plástico e trabalhar ajudando as pessoas com questões estéticas, o que pode dar muita satisfação a ele. E se for a Lua? É provável que seja um pediatra, que gosta de lidar com questões afetivas mais delicadas. Alguém com delicadeza suficiente para lidar com crianças, com certeza.

Mas vamos voltar ao Castelo e explicar que adotamos a metáfora da "Sala do Trono" para simbolizar esta casa, no intuito de esclarecer que é nesse espaço que o Rei (sua consciência/o Sol) exerce sua função na sociedade, é ali que ele a executa e é, portanto, o espaço de maior prestígio no Castelo. É um tipo de central de comando e de decisões sobre a função do todo do Castelo frente ao mundo, qual papel ele deve exercer e o que vai produzir para o mundo.

O Sol, na Sala do Trono, representa um Rei comprometido com suas responsabilidades perante a sociedade. Alguém que quer provar ao mundo sua eficiência e se dedica verdadeiramente à sua função dentro da sociedade, querendo se destacar e assumir um posto de comando ou prestígio perante ela. É alguém que direciona a energia de todo o Castelo para a parte "profissional", a fim de demonstrar que o Castelo é eficiente e cumpre a função que lhe foi conferida. Há uma tendência a querer se sobressair sobre os demais dentro da sociedade, e que isso seja feito segundo sua função dentro dela ou do grupo. Por isso, também é comum que entre em conflito com outras figuras dentro dessa área.	A Rainha (Lua), na Sala do Trono, significa que há um forte desejo de se dedicar às realizações e às responsabilidades dentro da sociedade. Um impulso para ser significativo e prestativo para com o grupo do qual faz parte, tendo uma função ali. Essa função está de alguma forma ligada ao emocional que a Lua representa, portanto, pode ser algum tipo de artista dentro da sociedade, que revela e traz a todos algo dos sentimentos e do coletivo que agrada; assim como pode ter uma função acolhedora, ser alguém cuja responsabilidade representa cuidar, proteger e nutrir seu grupo, que se vê como alguém que tem de garantir o bem-estar dos seus, e que está disposto a batalhar e trabalhar para isso.

O Secretário (Mercúrio), ocupando a Sala do Trono, significa que a função que exerce perante a sociedade tende a ser intelectual, trazendo a razão ao grupo, elucidando e esclarecendo. É, portanto, comum que se exerça uma atividade que demande muito do pensamento, da articulação e da escrita. Há grande habilidade de falar à sociedade, de se expressar e se pronunciar para o todo de forma clara e articulada, e as atividades que exigem o pensamento serão para essa pessoa sempre mais interessantes. De fato, ela gostaria de ser reconhecida dentro no seu grupo como alguém capaz de pensar e elucidar questões, trazer conhecimento e razão ao reino.	A Estilista (Vênus), ocupando a Sala do Trono, significa que a beleza (harmonia e equilíbrio) pode representar uma função determinante dessa pessoa dentro do seu grupo ou de sua sociedade. Isso pode ocorrer de diferentes formas, mas ela entende que parte de sua função ali é trazer beleza ao mundo, tornar o mundo mais bonito, mais harmônico e agradável, e que gostaria de ser reconhecida dentro de sua sociedade por essa capacidade. Assim, temos artistas, arquitetos, alfaiates, artesãos, cirurgiões plásticos, mas também pessoas que podem ver sua própria beleza como algo significativo e útil para seu grupo.
O Chefe da Guarda (Marte), na Sala do Trono, significa que essa pessoa entende que sua função dentro da sociedade, e para com ela, é uma função marcial. Em termos bem simples, podemos imaginar alguém disposto a agir em prol do grupo e lutar para defender sua sociedade. Isso vai desde militares até policiais e bombeiros, assim como outros profissionais que têm de lidar com desafios físicos e precisam agir dentro da sociedade com velocidade. Mas também representa o caçador, aquele que está disposto a caçar pelo grupo, que entende que sua função no grupo é mais agressiva, e demanda impetuosidade e competitividade. Será um profissional competitivo, disposto a se arriscar e não gosta de perder tempo.	O Professor (Júpiter), na Sala do Trono, tende a ser um tipo de mestre, uma autoridade dentro da área que exerce. Seja qual for a profissão escolhida, tenderá a assumi-la porque vai valorizar imensamente o trabalho em si. A função de alguém dentro da sociedade será para ele de vital importância, mas independentemente de qual ela for, ele tenderá a ser um tipo de especialista e referência para outros profissionais. Há disposição e facilidade para exercer uma função, para se dedicar à sua profissão, assim como prazer e um forte sentido de valor e orgulho sobre aquilo que faz, sabendo negociar bem seus atributos e habilidades, se necessário. Tende a ter uma visão realista e prática da sociedade e de seu funcionamento. E não tem medo de assumir altos cargos.

O Juiz (Saturno), na Sala do Trono, significa alguém que leva muito a sério sua função dentro da sociedade, que não se senta ali de brincadeira e irá realmente assumir responsabilidades dentro do grupo. Essa pessoa está disposta a aceitar cargos e tarefas desagradáveis, que demandam muita dedicação e alto grau de responsabilidade sobre o todo. Há uma imensa capacidade de se dedicar arduamente à sua carreira e função, e batalhar para oferecer um resultado primoroso de alto grau de competência. Tende a querer alcançar altas posições, e pode preferir comandar e gerenciar os grupos, muitas vezes porque entende que é a única pessoa realmente capaz de assumir tal responsabilidade e executar as tarefas como devem ser. Pode, de fato, exercer um papel de "pai" ou "juiz" como um tipo de autoridade na sua sociedade ou profissão.	O Revolucionário (Urano), na Sala do Trono, bem no alto do mapa astral, significa uma disposição para romper as regras e os padrões estabelecidos entre os reinos. Uma imensa vontade de que sua ação no mundo seja capaz de o transformar, e romper antigos paradigmas e estruturas em prol de uma nova configuração. Há, portanto, um forte questionamento de toda a estrutura e das funções dos indivíduos dentro da sociedade e do grupo. Há uma capacidade de teorizar e idealizar novas formas de trabalho e de organização da sociedade e, também, uma disposição mais questionadora e ousada diante do grupo. Dentro de sua função ou profissão ali na sociedade, existe um forte empenho em inovar e modernizar, em ser reconhecido como alguém que não pretende dar continuidade às tradições do passado e que veio para trazer "o futuro".
O doce Sonhador (Netuno), na Sala do Trono, significa um reino onde há misericórdia, sensibilidade para com os mais fracos e disposição a ajudar os outros. Essa pessoa tem uma postura doce e empática para com o todo, e está disposta a ajudar e cooperar, muitas vezes doando parte do seu tempo e empenho para causas que considera mais nobres que qualquer ambição pessoal. É provável que tente achar um significado e um motivo para suas ações no mundo, e também carreiras ligadas ao misticismo e à religiosidade, bem como trabalhos voltados à caridade tendem a lhe encantar. Há disposição sensível e não é incomum que seja visto em músicos, poetas, pintores e atores. Essa pessoa evita conflitos e tenta solucionar tudo na sua vida profissional de forma gentil e pacífica, tendo em geral poucas ambições e evitando espaços competitivos ou de grande tensão.	O Dragão (Plutão), na Sala do Trono, pode significar que a pessoa exerce dentro da sociedade uma função ligada ao "Dragão", o que ainda é bem abstrato. Porém, se imaginarmos uma tribo, teríamos aí um tipo de bruxo ou mago, místico que conhece alguns dos segredos das "sombras", e tem disposição em ir e exercer funções em que outros não se sentem confortáveis. Não é incomum, portanto, encontrar ocultistas e místicos com essa posição, bem como médicos e pessoas que exercem funções que demandam discrição e cautela. Tal como se a Sala do Trono fosse por si só um lugar perigoso, onde é necessário entrar e se movimentar com cuidado e discrição, e essa pessoa tem essa habilidade. Há uma disposição em enfrentar grandes e obscuros desafios nessa pessoa, e ela tende a ser bem reservada. Pode assumir profissões que demandam sigilo ou que outros têm medo de exercer.

XI – A CASA XI – FÓRUM

Por que "Fórum"? Vamos começar desta vez com a definição do *Dicionário On-line de Português*: "Local público"; "assembleia ou reunião, cujo propósito é discutir um tema"; "Local eletrônico específico, ou site, em que várias pessoas debatem um determinado tema". Todos os significados atendem perfeitamente àquilo que queremos demonstrar sobre o significado dessa região no mapa astral, mas talvez a origem da palavra seja o que no fundo é o mais relevante: do latim *forum*, "praça pública".

A Casa XI é, invariavelmente, um espaço da personalidade individual (assim como qualquer casa). No entanto, destinado ao contato e à interação com o grupo, à sociedade e ao debate. As pessoas com fortes configurações nesta casa são interessadas na sociedade como um todo, na vida pública e na articulação para com o todo, de maneira a obter resultados coletivos. Os temas que envolvem a lógica própria da política estão emaranhados aqui. Se na Casa VII (Sala de Conferências) é onde articulamos e conseguimos debater de forma diplomática (claro, depende da configuração ali), a XI, o Fórum, é onde o debate público se estabelece e as votações acontecem ou deveriam acontecer. Qualquer tema que deva ser decidido em coletivo, ou seja, de forma política, é um tema dessa região. Lembramos que por política não temos só a democracia, mas também como o grande Aristóteles procurou definir milênios atrás: temos as oligarquias, as monarquias, as tiranias; há várias formas de "política", e é preciso nunca perder isso de foco. Uma configuração nesta casa denota alguém interessado nessa vida política, interativa, em que se tem de articular com algum número de pessoas, que tende a ter uma preocupação e, principalmente, disposição para esse setor da vida. Há grande chance de estarmos falando de alguma figura pública, ou que é muito conhecida dentro da sua sociedade, com um amplo espectro de amigos ou conhecidos, pois tende a interagir bastante com o meio social onde vive.

Outra maneira de explicar de modo simples é que a vida da rua interessa enormemente a essas pessoas com fortes configurações aqui. Elas são mais "da rua" do que "da casa", e tendem a estar mais interessadas no coletivo do que no individual. É comum em pessoas que preferem estar em eventos da sociedade, que gostam de interagir com um número maior de indivíduos, principalmente fora do seu núcleo familiar, e têm preferência por atividades e eventos que ultrapassam os limites de sua residência e espaços de conforto imediato.

O Rei (Sol), no Fórum, significa alguém com capacidade e desejo de se colocar como um tipo de representante ou líder para a sociedade, para os grupos e para o coletivo; é realmente comum em líderes e políticos. Há um forte apreço e atuação na vida pública, e uma disposição para se envolver e/ou traduzir os grandes temas da sociedade. Existe uma disposição para a "vida da rua", para estar presente nos eventos da sociedade e se envolver diretamente com as amizades "extralar", de forma participativa e eficiente.	A Rainha (Lua), nesta Casa, significa um grande apreço e carinho pela vida pública. Tendem a ser pessoas socialmente muito simpáticas e bem-vistas pelas outras, de índole amável e preocupadas com os amigos, grupos ou a sociedade como um todo. Há uma forte dedicação aos amigos, um desejo impulsivo de participar da vida pública e de suas decisões; tende a levar a pessoa para fora de casa, tendo grande intuição e apreço pelos temas ligados às relações sociais. Tende a se destacar, a ser alguém que os demais reconhecem e no qual se apoiam.
O Secretário (Mercúrio), neste lugar, representa alguém muito ativo e inquieto socialmente, que transita por diferentes espaços e grupos, e não consegue ficar muito tempo parado no mesmo lugar. Há uma curiosidade natural pela vida pública, pela vida da rua. A mente é sagaz, e a pessoa responde rápido e com naturalidade a todas as nuances da sociedade, adaptando-se bem. Tem imensa capacidade de se pronunciar em público. Fazer discursos, cantar, ler para mais pessoas são atividades muito naturais para ela. Gosta de conversar, é muito criativa e desinibida em público.	A Estilista do Castelo (Vênus), nesta Casa, significa alguém que tende a ser socialmente muito carismático e querido; esforça-se para ser agradável com os outros, e evita discussões e brigas desnecessárias; prefere resolver tudo de forma agradável, com palavras simpáticas ou um sorriso. Tende a ser alguém muito querido e admirado socialmente, alguém que a maioria tem como um ponto de referência de simpatia e elegância. Falando nisso, pode ser de fato uma referência estética para a sociedade e construir toda uma imagem baseada nela, no estilo ou no carisma pessoal.

O Chefe da Guarda (Marte), na Casa XI, indica alguém disposto a agir pelo coletivo, colocar o grupo ou a própria sociedade em ação, em movimento. Tem uma tendência revolucionária e enfrenta qualquer "inimigo" que possa se apresentar contra ele ou o grupo, tomando a frente para protegê-lo. Tende a ter indisposição para o debate, uma falta de paciência para a discussão, e longas reuniões do coletivo são muitas vezes entendidas como uma perda de tempo, claramente pouco objetivas. Pode indicar alguém que tem mais apreço pela ordem militar hierárquica e ágil, ou que vê o Fórum como um tipo de campo de batalha.	O Professor (Júpiter), no espaço destinado à sociedade, costuma revelar mestres dentro da dinâmica da sociedade, pessoas boas em antever o que a sociedade quer e como vai reagir ao se comportar como massa. Também é comum em teóricos sociais, pessoas que desejam estudar e se aprofundar em como a sociedade se conforma, comporta e se articula. Tendem a ser hábeis em se posicionar e agir dentro do mundo social, tendo real apreço por esse nível da existência. São capazes de traduzir parte da sutileza desta vida com certa exatidão para deixar evidente a outros, e são bons professores sobre a estrutura e o funcionamento das sociedades.
O Juiz (Saturno), no Fórum, é alguém com grande capacidade de articular e mover grupos para algum interesse prático. A pessoa tende a ser objetiva na forma de interagir, não gosta de perder tempo nem permite que outros se percam em discussões improdutivas. Tem uma visão prática e muito clara do que o grupo ou a sociedade pode ou não conquistar, e tem a habilidade de comandar ou direcionar grupos para seus objetivos. É comum, por exemplo, em capitães de equipes esportivas ou líderes de grupos musicais. Há uma expectativa de que o grupo sempre tenha um objetivo, e pode ser restritivo e julgar de forma rígida todo contato social ou amizade. Há um medo presente de não ser suficiente para o grupo, de não se ter amigos, portanto, há, também, uma movimentação objetiva nesse campo, levando toda a parte social sempre muito a sério.	O Revolucionário (Urano) tem uma postura mais ousada e agressiva em relação à sociedade. Tende a ser incrivelmente crítico quanto a todos os padrões sociais, regras e normas, portanto, pode se apresentar e se comportar de forma bem pouco convencional, quebrando padrões e paradigmas. Sua postura em relação aos grupos é ativa, ele participa da vida pública, porém se recusa a se vincular ou a se prender a qualquer estrutura, o que pode fazer com que se isole ou constantemente troque de convivência. Há certo gosto ou apreço por chocar, por criar na sociedade algum desconforto ou rebuliço. Pode ser alguém de tendência provocativa e questionadora, que age de forma a causar algum incômodo, reflexão ou debate. Mas se preocupa muito pouco com a opinião dos outros sobre si mesmo.

O Sonhador (Netuno), colocado no Fórum, torna-se alguém muito sensível à sociedade, e isso é uma faca de dois gumes: de um lado, essa pessoa é muito suscetível aos grupos, tende a ter dificuldade de se posicionar ou se opor à vontade da maioria e, por conta disso, pode ser bastante influenciada pelo comportamento da sociedade e por quem estiver seguindo o fluxo do momento. Pode, portanto, tornar-se vulnerável e sensível à opinião dos outros, dos amigos, da sociedade como um todo. Do outro lado, essa sensibilidade faz com que perceba padrões e tendências que muitos desconhecem; o Sonhador sabe traduzir isso, tem uma forte capacidade de revelar os padrões e as tendências ocultas nas dinâmicas sociais, suas contradições e nuances, e apresentar tudo de forma sensível ao todo. É comum em grandes artistas.	O Dragão (Plutão), no Fórum, pode indicar um tipo de fobia social, indivíduos que têm medo do contato excessivo com a sociedade ou da interação com um número muito grande de pessoas. É comum haver uma crença de que a sociedade e/ou as pessoas podem ser muito ruins, e esse contato tem de ser feito (quando feito) com cautela. Há um medo de que as pessoas ou os grupos conspirem contra a sua individualidade, e não é incomum desenvolver agorafobia. Por outro lado, há grande poder e capacidade para se articular socialmente, e é capaz de ser politicamente muito potente e significativo, se assim desejar, não sendo incomum em pessoas com capacidade de articular desenvolvida, ou mesmo ao manipular grupos. Em geral, essas pessoas preferem se preservar e evitar a vida pública.

XII – A CASA XII – CAVERNA

Com certeza, uma casa difícil de definir, porque nada nela parece absolutamente sólido ou real, os temas que ela revela vão muito além do simples cotidiano, das relações e, como defendemos aqui, estamos tratando de um dos pontos mais profundos da personalidade de uma pessoa. É essencialmente um espaço de reclusão e meditação, para onde nos encaminhamos a fim de nos isolarmos, portanto, para alguns é um lugar de fuga.

É preciso imaginar que esse é um dos espaços subterrâneos mais profundos da personalidade de alguém; tão profundo e distante da luz que algo pode permanecer enterrado por décadas sem que a própria pessoa tenha um conhecimento claro do que está escondido ali. Ou, se houver a necessidade de adentrar nessas profundezas sem preparo, não seria incomum que a pessoa se perdesse completamente. Então, a metáfora da caverna se adéqua muito bem como um tipo de espaço abaixo de todos os outros, tão abaixo do Castelo que não pertence mais a ele necessariamente, e este é um ponto importante: esta casa não trata de questões pessoais. Ela se distingue claramente da Casa VIII, a qual simbolizamos, dentre outras coisas, como um *diário*, algo absolutamente pessoal; o mesmo não ocorre aqui. Deveríamos falar que ela corresponde ao espaço mais distante da luz, portanto, a parte mais inconsciente da personalidade, a qual a razão tem mais dificuldade de sondar. Mas devemos ressaltar que por mais que o inconsciente seja do indivíduo, seus temas são de âmbito universal, e seria natural pensar em "inconsciente coletivo", um inconsciente que é comum. Ou seja, quando alguém desce nessa caverna tende sempre a encontrar respostas parecidas, como se todas as cavernas de todos os Castelos fossem, no fundo, uma única e grande caverna que se comunica.

Em meu entendimento, essa é em parte a concepção que os gregos faziam do próprio Hades: um grande sistema de cavernas e rios por onde as almas vagavam, não só as almas dos mortos, mas igualmente nos faz crer que isso ocorre nos sonhos, porque *Hipnos*, o sono, o deus dos sonhos, também habita ali. Quando se dorme, a alma vaga pelos mesmos espaços místicos dos mortos.[38] Também é um lugar onde se poderiam buscar respostas, as mais difíceis delas poderiam ser respondidas ali dentro. Mas é bom ressaltar que é um espaço de desapego, de desprendimento. Quem vai ali nunca busca algo para si mesmo. É, em parte por isso, que esta casa também está muito associada à caridade, ao bem coletivo e à doação.

Se tentar uma definição mais clara, vou dizer que esta casa trata da relação de significado do homem para com o todo, para com o universo. Qual o papel do indivíduo em relação à totalidade do cosmos? Principalmente, quando a pergunta é qual o significado dessa relação, é quase unânime que essa resposta se dê em um formato espiritual ou religioso, mas essa também não é a totalidade dessa resposta. Grandes filósofos das profundezas, assim como grandes poetas e músicos, tendem a ter fortes configurações nesse espaço.

---

38. É absolutamente pertinente notar que o poeta Dante Alighieri, que tinha esta casa povoada com cinco astros distintos, dedica sua vida a escrever *A Divina Comédia*, obra que narra uma viagem de Dante pelo Inferno, pelo Purgatório e pelo Paraíso.

Por último, devemos ressaltar que, apesar de qualquer planeta ali estar encerrado nas profundezas do inconsciente de uma pessoa, ele tem um profundo e significativo impacto nesse local, pois sua energia povoa esse espaço e se torna **latente;** uma energia que assume significados inconscientes, ou seja, ganha força e deseja intensamente se manifestar. Um planeta, nesta casa, não é visível, isto é, facilmente identificável, mas parece permear todas as ações da personalidade da pessoa. Por exemplo, Marte ali pode significar alguém de aparência dócil, pouco competitiva, mas que se envolve em ações ou situações de natureza mais violenta ou impositiva, ou que parte da sua obra como escritor assume esse formato agressivo. Pois é aqui o espaço ao qual delegamos nossos sonhos e devaneios:

O Rei (Sol), comandando o Castelo a partir da Caverna, representa alguém que tende a não estar absolutamente focado em si mesmo. Sua atenção e suas decisões se voltam para a relação do homem com o universo, seu significado e sentido, e todas as suas ações se tornam movidas para um propósito que poderia ser descrito em muitos casos como "espiritual" ou como uma busca por sentido e significado. Não é incomum em líderes espirituais, em pessoas que se dedicam completamente a fazer a conexão do universo com o indivíduo, e assumem, por conta do Sol (Rei), uma posição de liderança nesse campo. Mas essa não é sua única manifestação. Está em poetas, músicos e filósofos, também com semelhante propósito. As características do signo solar tendem a não se manifestar pessoalmente, mas ficar latentes e povoar suas obras e atos no mundo.	A Rainha (Lua), nesta Casa, é um fortíssimo indício de que falamos claramente de um poeta, músico ou figura de tendência espiritual e caridosa. A Lua move os desejos e as vontades da pessoa, é uma força arrebatadora da qual não há como fugir. Nesta Casa, significa que ela tem de se envolver diretamente com os segredos e as mazelas do universo, da sua relação individual com a totalidade e o cosmos, envolver-se de forma participativa presente, senão ela mesma entraria em total melancolia. Veríamos algo como que, se essa pessoa não traduzisse essas "visões" da caverna do inconsciente em termos de músicas, poesias ou ações, ela morreria aos poucos. Os sentimentos dela estão fortemente ligados a algo que transcende suas simples vontades e ambições, e ela pode traduzir esses segredos por instinto, de forma muito direta e espontânea.

O Secretário (Mercúrio), neste espaço, torna-se capaz de traduzir os profundos segredos da caverna. Ele é o grande comunicador das profundezas do inconsciente humano, logo, é comum e evidente em escritores e alguns músicos com habilidade para desenvolver fortes tramas psicológicas de grande densidade. Há, desse modo, imensa curiosidade pelo significado da relação do homem consigo e com o universo e todos os seus mistérios. Em geral, pode ser quieto e se pronunciar pouco, mas sua mente é profunda e observadora, introvertida, mas inquieta, buscando sempre se isolar para meditar ou refletir com mais cuidado.	A Estilista (Vênus), dentro das profundas da Caverna, terá um grande impacto que tende a permear todo o inconsciente, visando a uma relação com o cosmos, com a totalidade harmônica, benéfica e cheia de significado, fazendo com que todas as ações da pessoa se voltem para a não violência, a paz e o amor; salvo talvez em signos mais bélicos, como Áries e Escorpião. É, curiosamente, ou aparentemente, muito pouco recorrente em pessoas mais agressivas, de índole impositiva, ou até em atletas. De alguma forma, a energia de Vênus fica latente e envolve indiretamente toda a personalidade. É comum em artistas em geral, que trazem a beleza à tona ao mundo.
O Guerreiro (Marte), dentro das profundezas da Caverna, pode significar que os exércitos se encontram de alguma forma ausentes na superfície. Toda a energia de ação, de competição e de defesa opera dentro do subconsciente. Isso tende a dar à pessoa uma aparência mais dócil e menos agressiva ou competitiva ao primeiro olhar, mas isso não quer dizer que ela não aja. Em geral, significa que sua ação é um tanto mais indireta, tem efeitos mais psicológicos do que físicos, para si e para os outros. Não é comum em atletas, por exemplo, mas é evidente em escritores, principalmente os que trabalham com temas agressivos ou desenvolvem tramas mais fortes e violentas. Também aparece em políticos que entendem que o jogo e a competição, nesse campo, se dão nos subterrâneos das mentes.	O Professor (Júpiter), aqui, pode tomar duas formas. De um lado, pode ficar adormecido, e ter um forte e intuitivo contato com os segredos da caverna, da relação do homem com a totalidade do cosmos, trazendo à tona respostas muito naturais às perguntas mais complexas. Tem uma predileção pela caridade e por zelar pelo bem do todo e do cosmos. No outro caminho, há um desejo e uma predileção pelos temas profundos da Caverna, e uma capacidade de adentrar e revelar seus segredos, dos mais belos aos mais sombrios, tendo a capacidade de se tornar um mestre dentro desses temas insólitos, como é o caso de alguns dos grandes filósofos, pensadores que querem revelar os segredos do universo, algumas figuras religiosas que tendem a instruir ou pesquisar, e escritores cuja obra transcende o simples romance.

O Juiz do Castelo (Saturno), nesta Casa, tende a colocar ordem em tudo, toda a estrutura do universo deveria funcionar de forma ordenada, e pode assumir para si mesmo essa tarefa. Ou a responsabilidade de entender essa ordem, buscando seu significado em cientistas e pensadores. Também pode querer fazer com que a ordem vigore no mundo, agindo nele de forma a aplicá-la. Isso explica bastante por que pessoas que assumiram posições de grande responsabilidade ou governança têm essa configuração. Há um desejo latente, ou seja, inconsciente, de trazer ordem e estrutura ao mundo, atuar nesse sentido. De outro ponto de vista, esse mesmo desejo saturnino atua inconscientemente impulsionando a pessoa à ordem, à organização e ao trabalho. Em geral, são pessoas muito produtivas em suas vidas.	O Revolucionário (Urano), dentro das cavernas do inconsciente, parece trazer um forte e incontrolável impulso de transformar o mundo e a sociedade, levando o indivíduo a se posicionar de forma ativa e, muitas vezes, radical diante da estrutura do universo, tomando para si mesmo as rédeas, tanto do seu destino quanto, em muitos casos, dos outros. É comum em figuras que assumam uma posição política de transformação e ousadia, como representantes do coletivo ou da ordem universal. Há uma posição de contestação e dúvida sobre o universo e a espiritualidade, o que pode gerar muitos conflitos e embates nessa área; mas também está presente em figuras criativas que trabalham, muitas vezes, na ordem da ficção e na especulação sobre o que seria possível ou provável de estar além do conhecimento imediato do universo.

O Sonhador (Netuno) tem grande chance de se perder dentro da Caverna. Não há, portanto, defesas que o impeçam de adentrar, nem que lhe deem forças para sair, muito menos contra as diferentes forças que se manifestam em seu interior. Há, portanto, uma chance de se enveredar por todos os caminhos que o levem ao inconsciente, dentre eles também os entorpecentes. Por outro lado, há sensibilidade para os temas do significado da relação do homem com o cosmos, e a pessoa tende a ter grande e natural espiritualidade, e deixar fluir esse fortíssimo fluxo de significados e sensações como que em transe. Isso explica o grande número de músicos com essa configuração, que têm facilidade em tocar de simples improviso. Há uma forte relação com os sonhos e o inconsciente, ou até com o mundo espiritual, que tende a emergir naturalmente e, às vezes, sem controle verdadeiro.	O temido Dragão (Plutão), habitando as profundezas das cavernas do inconsciente, parece achar para si um local propício à sua própria natureza. A relação é, com certeza, de medo; há um medo profundo do que habita esse abismo. Toda a relação com o universo e seu significado, o mundo dos sonhos, o mundo espiritual, revela algo arrebatadoramente terrível e, ao mesmo tempo, uma imensa vontade de adentrar e conhecer essas profundezas sombrias. A pessoa está ali psicologicamente preparada para enfrentar as situações mais terríveis, e isso se reflete em um fato curioso: essa configuração está presente em atletas de altíssimo nível e resultado, em alguns dos mais famosos em suas áreas; também em alguns generais ou guerreiros com apreço por enfrentar seus próprios medos. Faz-se presente igualmente em filósofos e escritores que se dedicam a se aprofundar no mal, no seu significado.

XIII – OS SEIS EIXOS DAS CASAS

Vamos aproveitar agora para comentar sobre os eixos das casas, pois fica evidente ao longo deste percurso que elas operam em pares, ou seja, as casas opostas umas às outras tendem a falar de um mesmo tema, tal como vimos com os signos complementares.

EIXO DA CAPACIDADE (CASAS I – VII)

Este eixo trata das capacidades do indivíduo, desde o que ele consegue fazer sozinho (Casa I), do quanto está disposto a se aventurar por conta própria para encarar o mundo, até da sua capacidade de cooperar (Casa II), de agir em conjunto, de articular e envolver o outro em parcerias para tomar decisões e agir de forma coordenada. Há uma grande quantidade de decisões a serem tomadas neste eixo e vou tentar explicá-las: quando vejo outra pessoa, ela é um inimigo? Um competidor em disputa direta comigo? Ou alguém com quem devo conversar e cooperar? Diante de um desafio, agirei por iniciativa própria ou buscarei ajuda? O que compete a mim e o que devo negociar com outro em relação às minhas decisões e às ações no mundo?

EIXO DO PARTICULAR (CASAS II – VIII)

É evidente que este eixo fala de algo que é especificamente seu, que lhe pertence e a mais ninguém, e a que você tem direito. Pode ser um objeto, um recurso, um pensamento ou desejo que você guarda e preserva para si mesmo, e é seu direito escolher ou não compartilhar. O eixo fala, portanto, de posses, de intimidade e privacidade, e nos dirá tanto de finanças quanto de corpo, prazer e sexualidade, tendo em vista que o nosso corpo é nosso bem mais primário. Assuntos, como herança e divórcios, são um acaso desta casa, pois são situações em que os bens pessoais e os segredos entram em debate.

EIXO DO INTELECTO (CASAS III – IX)

Claramente, este eixo se refere a uma abertura intelectual para o mundo nos dois polos; a vontade de conhecer, entender, teorizar e supor se encontra aqui. São as grandes janelas da personalidade voltadas exatamente para fora, inspecionando, buscando, querendo compreender. Grandes pensadores, intelectuais e cientistas tendem a ter planetas neste eixo, já que ele denota uma inclinação para estudos, pesquisas, hipóteses e aprendizado em geral. Os temas aqui tendem a ser abstratos/teóricos, e isso reforça o caráter intelectual do eixo.

EIXO DA RESPONSABILIDADE (CASAS IV – X)

Neste eixo, o indivíduo desloca-se de si mesmo, e sua atenção se volta à continuidade e à preservação, ou seja, não apenas sobreviver e obter prazer, mas também: como dar continuidade à sua existência? Qual sua responsabilidade para com os seus, com seu passado e seu futuro? Em que mundo se deseja viver, o que é necessário preservar e guardar para as próximas gerações, e qual o seu papel perante seu grupo? Portanto, profissão, família, tradição, cultura são temas dos quais este eixo trata.

EIXO DA SOCIEDADE (CASAS V – XI)

Estas duas casas falam claramente da relação do indivíduo com a sociedade – a vida pública, sua visão, reação e participação nela. Pessoas com planetas neste eixo são muito envolvidas com a vida pública, com isso quero dizer a vida fora de casa, fora do círculo familiar e do casamento/namoro. Há nessas pessoas a disposição e a necessidade de serem participativas e presentes dentro dos eventos e das decisões da sociedade, dos grupos, de amizades e comemorações.

EIXO DO DEVER (CASAS VI – XII)

Este eixo parece um pouco mais difícil de ser decifrado, ele não se aplica diretamente ao indivíduo, mas, sim, ao papel que este tem diante da totalidade do universo. Em um dos polos se visa compreender sua essência material (Casa VI) e, no outro, sua essência espiritual (Casa XII), seus significados, estrutura e funcionamento, tanto que é possível que cientistas e filósofos apareçam ligados a este eixo. Ainda, é um eixo muito relacionado à saúde física (Casa VI), como o bom funcionamento do corpo, alimentação regrada, horários de trabalho e sono bem delimitados, e saúde espiritual/mental (Casa XII), um inconsciente em paz e harmonia. A questão é que ambas as casas pressupõem uma adequação do indivíduo e uma submissão à estrutura maior do cosmos, fazendo com que ele esteja disposto a se adequar a ela para ter uma vida mais significativa, produtiva e saudável.

MADRAS® Editora

Para mais informações sobre a Madras Editora,
sua história no mercado editorial
e seu catálogo de títulos publicados:

Entre e cadastre-se no site:

www.madras.com.br

Para mensagens, parcerias, sugestões e dúvidas, mande-nos um e-mail:

marketing@madras.com.br

SAIBA MAIS

Saiba mais sobre nossos lançamentos,
autores e eventos seguindo-nos no facebook e twitter:

@madrased

/madraseditora